Chakra-Magie für Anfänger

Sein – Strahlen – Formen – Genießen

Kontakt: www.HarryEilenstein.de / Harry.Eilenstein@web.de

Impressum: Copyright: 2011 by Harry Eilenstein – Alle Rechte, insbesondere auch das der Übersetzung, vorbehalten. Kein Teil des Buches darf ohne schriftliche Genehmigung des Autors und des Verlages (nicht als Fotokopie, Mikrofilm, auf elektronischen Datenträgern oder im Internet) reproduziert, übersetzt, gespeichert oder verbreitet werden.

Herstellung und Verlag: BoD- Books on Demand, Norderstedt

ISBN: 9783751922234

Inhaltsverzeichnis

I Das Chakrensystem

Die Welt besteht aus der Sicht eines Menschen grundlegend aus Bewußtsein und Materie. Man kann, wenn man es schlicht ausdrücken will, sagen, daß die Materie die Außenseite der Welt ist und das Bewußtsein ihre Innenseite.

Diese beiden Seiten der Welt sind fest miteinander verbunden: Man kann in seinem Bewußtsein den Entschluß fassen, jetzt aufzustehen und das auch mit dem Körper durchführen. Andererseits kann man mit seinem Körper wahrnehmen, was in der Welt geschieht und das dann in seinem Bewußtsein wissen. Das Bewußtsein wirkt auf den Körper und der Körper wirkt auf das Bewußtsein. Es muß also eine feste Verbindung zwischen Bewußtsein und Materie geben.

Mit den Sinnen (Augen, Ohren, Nase, Mund, Haut usw.) nimmt man die äußere Welt wahr. Mithilfe der der Telepathie nimmt das Bewußtsein die innere Welt wahr – z.B. die Erinnerungsbilder in einem anderen Menschen.

Mit den Händen gestaltet man die äußere Welt. Mithilfe der Telekinese kann auch das Bewußtsein handeln.

Diese Wahrnehmung durch das Bewußtsein (Telepathie) und dieses Handeln durch das Bewußtsein (Telekinese) werden oft als Vorgänge im Bereich der Lebenskraft beschrieben. Die Lebenskraft ist jedoch weder eine Kraft noch eine Substanz, sondern einfach ein Begriff, mit dem man die „Substanz" beschreiben kann, die das Bewußtsein auf direkte Weise wahrnimmt (Telepathie) und in der es auf direkte Weise handelt (Telekinese). Die Lebenskraft ist die Grenze zwischen Bewußtsein und Materie.

Diese Grenze findet sich überall: Alle Dinge haben eine materielle Substanz und ein Bewußtsein – und daher auch eine Lebenskraft, d.h. die Grenze zwischen beidem.

Diese Grenze zwischen Bewußtsein und Materie, dieser Übergang zwischen Bewußtsein und Materie ist der Bereich, an dem die Magie geschieht: Das Bewußtsein gestaltet auf direkte Weise die materielle Welt.

Dieser Übergang ist in einem Menschen der Lebenskraftkörper: der Übergang zwischen Innen und Außen in einem Menschen.

Da sowohl der materielle Körper als auch das Bewußtsein vielfältige Strukturen haben, hat auch der Lebenskraftkörper eine Struktur: Die Chakren sind die „Organe" des Lebenskraftkörpers und die Kundalini ist der „Lebenskraft-Kreislauf" des Lebenskraftkörpers.

Da Magie an dem Übergang von Bewußtsein zu Materie stattfindet, sollten die Chakren für die Magie von großer Bedeutung sein.

I 1.   Das Grundprinzip

Das Bewußtsein neigt zur Einheit und Freiheit, was man u.a. durch Telepathie, Telekinese, Meditation und Magie erleben kann.

Die Materie neigt hingegen zur Vielheit und Determiniertheit (Kausalität), was sich an der Prägung der materiellen Welt durch die Naturgesetze zeigt.

Was geschieht nun an dem Übergang zwischen der freien Einheit des Bewußtseins und der festgelegten Vielfalt der Materie? Wenn das Bewußtsein eins und frei ist und die Materie eine Vielheit und festgelegt, dann sollte man dazwischen noch etwas drittes erwarten, was sich von beiden unterscheidet.

Das, was man dort finden kann, sind einfache organisch-symmetrische Strukturen, die aus einem schlichten Grundprinzip heraus immer komplexere Formen aufbauen. Dies ist der Bereich der Kreativität: Man gestaltet aus dem Bewußtsein heraus frei die „träge" Vielheit der Materie … Das ist Magie und auch Kunst, Lebenskunst …

(Dieses duale Prinzip der Gegensatz-Ergänzung von freiem Bewußtsein und determinierter, „träger" Materie, aus der sich die Möglichkeit der Magie ergibt, habe ich ausführlich in meinem Buch „Magie-Forschung für Anfänger" dargestellt.)

I 1. a)   Feuer und Licht

Die einfachste Möglichkeit, die Chakren zu beschreiben, ist ihre Darstellung als Mischung von Kraft („Feuer") und Bewußtheit („Licht"):

Wurzelchakra: 6/6 Feuer – 0/6 Licht
   => Lebendigkeit, Instinkte, Lebenswille, Bedürfnisse, Kraft

Hara: 5/6 Feuer – 1/6 Licht
   => zentrierte Kraft, innerer Halt, Standfestigkeit, Rhythmus

Sonnengeflecht: 4/6 Feuer – 2/6 Licht
   => gelenkte Kraft, Beweglichkeit, Belebung, Verbindung

Herzchakra: 3/6 Feuer – 3/6 Licht
   => Zentrum, Gleichgewicht, Identität, „Tempel der Seele"

Halschakra: 2/6 Feuer – 4/6 Licht
   => bewußte Gestaltung, Gemeinschaft, Selbstausdruck

Drittes Auge: 1/6 Feuer – 5/6 Licht
   => gelenkte Aufmerksamkeit, Konzentration, Ausrichtung

<u>Scheitelchakra</u>:   0/6 Feuer – 0/6 Licht
=> Bewußtsein, Bewußtheit, Präsenz, Wahrnehmung

I 1. b)   Die Symmetrie

Das Herzchakra ist der „Tempel der Seele" – das Herzchakra ist folglich das Zentrum des Chakrensystems, das polar-symmetrisch aufgebaut ist:

die Symmetrie der sieben Hauptchakren						
Name	*Ausrichtung*	*Qualität*	*Symmetrie*			
Scheitelchakra		geistiger Kontakt				
Drittes Auge	außen	äußere Orientierung				
Halschakra		sozialer Selbstausdruck				
Herzchakra	Mitte	Identität				
Sonnengeflecht		körperlicher Selbstausdruck				
Hara	innen	innerer Halt				
Wurzelchakra		körperlicher Kontakt				

I 1. c)   Das Strahlen

Der symmetrische Aufbau der sieben Hauptchakren zeigt, daß sie ein Strahlen von einem Zentrum her nach außen hin darstellen.

Die Identität im Herzchakra wird im Sonnengeflecht zu dem körperlichen Selbstausdruck und im Halschakra zu dem sozialen Selbstausdruck.

Der körperliche Selbstausdruck im Sonnengeflecht wird zu dem inneren Halt im Hara; der soziale Selbstausdruck im Halschakra wird zu der äußeren Orientierung im Dritten Auge.
Der innere Halt im Hara wird zu dem körperlichen Kontakt im Wurzelchakra; die äußere Orientierung wird zu dem geistigen Kontakt im Scheitelchakra.

9

Es gibt also ein „dreistufiges Strahlen", das von der Identität im Herzchakra (Seele) ausgeht:

1. Stufe: hemmungsloser Selbstausdruck, allgemeine Wünsche
Sonnengeflecht und Halschakra

2. Stufe: Strukturen, konkrete Wünsche
Hara und Drittes Auge

3. Stufe: Kontakt, Erleben
Wurzelchakra und Scheitelchakra

I 2.   Der Aufbau

Das Gesamtsystem der Chakren besteht nicht nur aus den sieben Hauptchakren, sondern ist weitaus komplexer. Allerdings ist seine große Vielfalt symmetrisch und leitet sich aus einem sehr einfachen Grundprinzip ab und ist daher leicht erfaßbar.

I 2. a)   Der Dreischritt

Das Grundelement ist die Entfaltung in drei Schritten:

1. die allgemeine Ausrichtung auf ein allgemeines Ziel = das Verhalten in der Welt

2. die konkrete Ausrichtung in einer konkreten Situation = das Verhalten „vor Ort"

3. der Kontakt im Hier und Jetzt = das Erleben dessen, was man durch die beiden vorigen Schritte angestrebt hat

Der 1. Schritt bringt den Betreffenden näher zu dem Ort, an dem er sein will. Er befindet sich bei dem 1. Schritt also in der Öffentlichkeit, in der Welt als Ganzes.

Durch den 2. Schritt gestaltet der Betreffende die Umstände an dem Ort, an dem er durch den 1. Schritt angekommen ist. Er befindet sich also in einem „privaten Bereich" – eben in dem Bereich, den er sich als Aufenthaltsort ausgesucht hat. Die Nähe zu der Umgebung ist hier deutlich größer als bei dem 1. Schritt.

Im 3. Schritt tut der Betreffende das, worum es ihm eigentlich geht. Er befindet sich nun im „intimen Bereich". Der Kontakt und die Nähe sind hier sehr intensiv.

Man kann diese drei Schritte vermutlich am besten an einem schlichten Beispiel veranschaulichen:

1. Schritt: Ich habe Hunger.

2. Schritt: Ich entscheide mich für einen Apfel.

3. Schritt: Ich esse den Apfel.

11

I 2. b) Dreischritt und Fünfschritt

Dieser Dreischritt kann durch zwei weitere Punkte ergänzt werden: Zum einen durch den Ausgangspunkt und zum anderen durch die Umgebung. Im Chakrensystem ist der Ausgangspunkt das Herzchakra (Seele) und die Umgebung die äußere Welt (alles außer dem eigenen Körper).

Daraus ergeben sich fünf Punkte:

Herzchakra

Sonnengeflecht / Halschakra

Hara / Drittes Auge

Wurzelchakra / Scheitelchakra

Umwelt

Man kann diese fünf Punkte auch noch auf eine andere Weise darstellen:

Die Grundstruktur der Welt besteht aus der Materie, dem Bewußtsein und dem Übergang zwischen diesen beiden. Auch dies ist ein Dreischritt:

1. das freie Bewußtsein, das die Richtung auswählt

2. der Übergang, an dem sich eine organische Struktur findet

3. die materielle Welt, in dem man konkrete Begegnungen erlebt

Da das Chakrensystem eine Darstellung des Übergangs ist, kann man die drei Chakrenpaare, die die drei Schritte darstellen, auch als eine Differenzierung dieses Überganges auffassen:

Differenzierung		
1. Stufe	*2. Stufe*	*3. Stufe*
Welt	Bewußtsein	Bewußtsein (Herzchakra)
	Übergang („Lebenskraft")	Sonnengeflecht / Halschakra
		Hara / Drittes Auge
		Wurzelchakra / Scheitelchakra
	Materie	Materie (Körper)

I 2. c)   Die sieben Hauptchakren

Die sieben Hauptchakren sind ein „3+1+3=7", d.h. das Herzchakra als Zentrum und Ausgangspunkt des Strahlens sowie die beiden Dreischritte „Sonnengeflecht – Hara – Wurzelchakra" und „Halschakra – Drittes Auge – Scheitelchakra".

I 2. d)   Die zwölf Nebenchakren

Das Herzchakra strahlt nicht nur nach unten zum Wurzelchakra und nach oben zum Scheitelchakra, sondern auch durch die Genitalien, also durch Arme und Beine nach außen. Auch in ihnen findet sich der Dreischritt:

> der 1. Schritt in den Oberarmen bzw. Oberschenkeln

> der 2. Schritt in den Unterarmen bzw. Unterschenkeln

> der 3. Schritt in den Händen bzw. Füßen

Die jeweils drei Chakren in der Mitte der Oberarme, der Unterarme und der Hände, sowie in der Mitte der Oberschenkel, der Unterschenkel und der Füße sind die insgesamt zwölf Nebenchakren (2·2·3=12).

Die Dreischritt-Dynamik ist auch bei ihnen deutlich sichtbar:

> Der Oberschenkel gibt die Kraft zum Gehen und bestimmt die generelle Richtung.

> Der Unterschenkel orientiert sich vor Ort und wählt eine bestimmte Richtung an dem Ort, aus, an dem sich der Betreffende gerade befindet.

> Der Fuß setzt sich an dem passendsten Ort auf.

> Der Oberarm richtet sich dorthin, wo man etwas tun will.

> Der Unterarm bewegt sich an dem ausgewählten Ort.

> Die Hand ergreift und formt Dinge an diesem Ort.

Haupt- und Nebenchakren			
Bereich	Chakra		
Zentrum	Herzchakra		
Bereich	*Dreischritt*		
	1. Schritt	*2. Schritt*	*3. Schritt*
Oberleib	Halschakra	Drittes Auge	Scheitelchakra
Unterleib	Sonnengeflecht	Hara	Wurzelchakra
rechter Arm	Oberarm-Nebenchakra	Unterarm-Nebenchakra	Handchakra
linker Arm	Oberarm-Nebenchakra	Unterarm-Nebenchakra	Handchakra
rechtes Bein	Oberschenkel-Nebenchakra	Unterschenkel-Nebenchakra	Fußchakra
linkes Bein	Oberschenkel-Nebenchakra	Unterschenkel-Nebenchakra	Fußchakra

I 2. e)   Die Zwischenchakren

Man kann jedes Haupt- und Nebenchakra als die „Hauptstadt" eines Reiches auf-fassen, das von ihm beeinflußt wird. Zwischen diesen Reichen gibt es jeweils eine Grenze, an der der Einfluß des einen Chakras endet und der Einfluß des anderen Chakras beginnt.

An diesen Grenzen zwischen den „Reichen" der einzelnen Chakren befinden sich die Zwischenchakren. Sie haben den Charakter von Toren, von Wächtern und von Orten der Verwandlung. Auch sie sind symmetrisch angeordnet.

Die ersten sechs Zwischenchakren liegen zwischen den Hauptchakren:

Wunschbaum: Herzchakra => Sonnengeflecht
- Lage: am unteren Ende des Brustbeins
- Funktion: Verwandlung der Identität (Herzchakra) in allgemeine körperliche Wünsche und Körper-Impulse

Thymus-Nebenchakra: Herzchakra => Halschakra
- Lage: am oberen Ende des Brustbeins
- Funktion: Verwandlung der Identität (Herzchakra) in allgemeine soziale Wünsche und soziale Impulse

Nabel-Nebenchakra: Sonnengeflecht => Hara
- Lage: am Nabel (Nahrungsaufnahme von innen vor der Geburt)
- Funktion: Verwandlung eines allgemeinen körperlichen Wunsches (Sonnengeflecht) in einen konkreten körperlichen Wunsch

Gaumen-Nebenchakra: Halschakra => Drittes Auge
- Lage: am Gaumen (Nahrungsaufnahme von außen nach der Geburt)
- Funktion: Verwandlung eines allgemeinen sozialen Wunsches (Halschakra) in einen konkreten sozialen Wunsch

Schamhaar-Nebenchakra: Hara => Wurzelchakra
- Lage: am Ansatz des Schamhaars
- Funktion: Entschluß, den konkreten körperlichen Wunsch (Hara) zu einem körperlichen Kontakt umzusetzen

Haupthaar-Nebenchakra: Drittes Auge => Scheitelchakra
- Lage: am Ansatz des Haupthaars
- Funktion: Entschluß, den konkreten sozialen Wunsch (Drittes Auge) zu einem sozialen Kontakt umzusetzen

Die nächsten sechs Zwischenchakren befinden sich an den Armen:

Schulter-Nebenchakren: Leib => Oberarm-Nebenchakra
- Lage: Schultergelenk
- Funktion: Entschluß zu einer Handlung, die die Umwelt verändert

Ellenbogen-Nebenchakren: Oberarm-Nebenchakra => Unterarm-Nebenchakra
- Lage: Ellenbogen
- Funktion: Entschluß zu einer Bewegung an dem Ort, an dem die Veränderung durchgeführt werden soll

15

<u>Handgelenk-Nebenchakren</u>:   Unterarm-Nebenchakra => Handchakra
  - Lage: Handgelenk
  - Funktion: Entschluß, etwas zu ergreifen und zu verwandeln

Die nächsten sechs Zwischenchakren befinden sich an den Beinen:

<u>Hüftgelenk-Nebenchakren</u>:   Leib => Oberschenkel-Nebenchakra
  - Lage: Hüftgelenk
  - Funktion: Entschluß, an einen bestimmten Ort zu gehen

<u>Knie-Nebenchakren</u>:   Oberschenkel-Nebenchakra => Unterschenkel-
Nebenchakra
  - Lage: Knie
  - Funktion: Entschluß zu einer Bewegung an dem Ort, an dem man
  gerade ist

<u>Fußgelenk-Nebenchakren</u>:   Unterschenkel- Nebenchakra => Fußchakra
  - Lage: Fußgelenk
  - Funktion: Entschluß, den Fuß an einem bestimmten Ort aufzusetzen

Schließlich gibt es noch zwei Zwischenchakren, die sich unterhalb bzw. oberhalb des Körpers befinden:

<u>„Tor zum Feuer"-Nebenchakra</u>:   Wurzelchakra => „Erde"
  - Lage: ca. eine Handbreit unter dem Wurzelchakra
  - Funktion: Verbindung zum Himmel, d.h. zur Einheit (Gott)

<u>„Tor zum Licht"-Nebenchakra</u>:   Scheitelchakra => „Himmel"
  - Lage: ca. eine Handbreit über dem Scheitelchakra
  - Funktion: Verbindung zur Erde (Lebenskraft)

I 2. f)   Die Neben-Zwischenchakren

Die Chakren sind durch einen Fluß der Lebenskraft miteinander verbunden. Auch er hat die Dreischritt-Dynamik:

1. Schritt: Die Lebenskraft steigt vom Wurzelchakra aus in der Mitte des Körpers wie der Strahl eines Springbrunnens auf („Kundalini").

2. Schritt: Die Lebenskraft entfaltet sich über dem Scheitelchakra wie die Fontaine eines Springbrunnens.

3. Schritt: Die Lebenskraft fließt außen am Körper wie die Tropfen eines Springbrunnens wieder nach unten zu dem Wurzelchakra zurück („Aura").

An dem aufsteigenden Fluß („Kundalini") liegen die sieben Hauptchakren. Dieser Lebenskraftfluß wird im Yoga „Sushumna" genannt. Er führt wie ein Weg durch die sieben Hauptchakren und durch die Tore der Zwischenchakren, die die „Reiche" der sieben Hauptchakren voneinander trennen.

Links und rechts von diesem Hauptweg gibt es noch zwei Nebenwege, die im Yoga „Ida" und „Pingala" genannt werden. Auch wenn dies drei Wege sind, haben sie doch eine andere Dynamik als der Dreischritt: In der Sushumna ist das Bild der Seele und in Ida und Pingala sind das männliche und das weibliche Spiegelbild der Seele, also das heile innere Männerbild und das heile innere Frauenbild.

Auch diese beiden „Seitenwege" führen durch die Grenze zwischen den „Chakra-Reichen". Daher gibt es neben den Zwischenchakren jeweils noch links und rechts einen Neben-Zwischenchakra – sozusagen zwei Nebentore neben dem Haupttor in der Grenze zwischen zwei Chakra-Reichen. An den sieben Hauptchakren treffen sich diese drei Wege jeweils und kreuzen sich dort.

Diese drei „Lebenskraft-Kanäle" finden sich auch an den Armen und den Beinen – sie entsprechen den drei Akupunktur-Meridianen, die an der Vorder- und Rückseite von Armen und Beinen verlaufen. Auch diese drei „Arm-Linien" und „Bein-Linien" bilden an jedem Übergang von dem „Reich" des einen Chakras zu dem nächsten Chakra drei „Tore" – also an Schultergelenk/Hüftgelenk, Ellenbogen/Knien und Handgelenk/Fußgelenk.

I 2. g) Akupunktur-Meridiane u.ä.

Dies ist mittlerweile eine recht große Anzahl an Hauptchakren, Nebenckakren, Zwischenchakren und Neben-Zwischenchakren:

7 Hauptchakren
12 Nebenchakren
20 Zwischenchakren
36 Neben-Zwischenchakren

Diese insgesamt 75 verschiedenen Chakren stimmen von ihren Eigenschaften her mit den verschiedenen Körperpunkt-Systemen wie den chinesischen Akupunktur-Punkten, dem tibetischen Rang Dröl, den indischen Ayurveda-Punkten usw. bis auf einige wenige Ausnahmen überein.

(Eine ausführliche Darstellung und ein vollständiger Vergleich findet sich in meinem Buch „Das Chakrensystem mit den Nebenchakren".)

I 2. h)   Chakren, Kshetrams und Aura-Punkte

Nun gibt es noch einen letzten Dreischritt in dem Chakrensystem, der vor allem aus der traditionellen indischen Medizin, aber z.B. auch aus den Methoden der Yaqui-Schamanen bekannt ist.

Jedes Chakra tritt in drei Formen auf:

1. im Inneren des Körpers: „Chakra"

2. auf der Oberfläche des Körpers: „Kshetram"

3. auf der Oberfläche der Lebenskraftkörpers, also ca. eine Armlänge von der Körperoberfläche entfernt: Aura-Punkt

I 3. Chakren und Bewußtsein

Das Bewußtsein und die Chakren sind zwei verschiedene Dinge: Das Bewußtsein ist einer der beiden Pole der Welt (der andere ist die Materie) – die Chakren sind eine Struktur an dem Übergang von Bewußtsein zur Materie. Daher spiegeln die Chakren in gewisser Weise sowohl das Bewußtsein als auch die Materie wider.

Das Herzchakra und die drei Chakrenpaare entsprechen den vier Formen des Bewußtseins. Von der Bewußtseinsseite her sind sie dadurch geprägt, daß sie ein Bewußtsein haben – von der Materieseite her sind sie dadurch geprägt, daß sie verschiedene Inhalte haben. Die vier Arten des Bewußtseins lassen sich schlicht durch die Anzahl der Bewußtseinsinhalte in ihnen definieren:

die Chakren und die Bewußtseinsarten		
Chakra	*Bewußtseinsart*	*Bewußtseinsinhalte*
Herzchakra	Tiefschlaf-Bewußtsein	ohne Inhalte
Sonnengeflecht / Halschakra	Unterbewußtsein	alle Inhalte
Hara / Drittes Auge	Wachbewußtsein	die in der Situation benötigten Inhalte
Wurzelchakra / Scheitelchakra	Ekstase	ein Inhalt

I 3. a) Das Haus des Bewußtseins

Diese Übersicht wird anschaulicher, wenn man sie bildhaft beschreibt:

Das Tiefschlaf-Bewußtsein ist das Bewußtsein selber ohne jede Inhalte. Es ist die Stille, die man in der Meditation finden kann: ein Bewußtsein, das lediglich seiner selbst bewußt ist.

Dieses Bewußtsein ist wie ein leeres Haus: voller Möglichkeiten, aber eben leer.

Das Tiefschlaf-Bewußtsein ist die Stille im Herzchakra, die die Quelle aller Fülle ist.

19

Das Unterbewußtsein ist die Gesamtheit aller Inhalte des Bewußtseins, also alle Wahrnehmungen und alle Erinnerungen – einschließlich der damit evtl. verbundenen Gefühle.

Das Unterbewußtsein ist wie ein (gut geordnetes) Archiv, in dem sich alles befindet, was man jemals erlebt hat.

Das Unterbewußtsein besteht aus den allgemeinen und alles umfassenden Wünschen und Impulsen im Sonnengeflecht und im Halschakra.

Das Wachbewußtsein enthält die Inhalte, die man in der augenblicklichen Situation braucht, um sich sinnvoll für eine Handlung entscheiden zu können. Diese Inhalte sendet das Unterbewußtsein entweder von sich aus in das Wachbewußtsein oder das Wachbewußtsein muß sie sich holen, also sich bewußt an sie erinnern.

Das Wachbewußtsein ist wie ein Büro in dem Haus, in dem die aktuellen Vorgänge geregelt werden. Von dem Büro gibt es einen Durchgang zum Archiv, durch den die gerade benötigten Informationen in das Wachbewußtsein gelangen.

Das Wachbewußtsein befindet sich in dem inneren Halt des Haras und in der Orientierung in der Welt des Dritten Auges.

Der Ekstase-Zustand enthält nur einen einzigen Inhalt. Das geschieht, wenn dieser eine Inhalt extrem wichtig ist. Die Einsgerichtetheit der Ekstase entsteht daher durch Angst, Schmerz, Lust oder Meditation.

Die Ekstase kann man wie eine Schreibtischlampe auf dem Schreibtisch in dem Büro auffassen, die manchmal angeschaltet wird, um mit einem hellen Spotlight eine einzelne Sache hervorzuheben.

Der Ekstase-Zustand entsteht durch den körperlichen oder geistigen Kontakt zur Welt im Wurzelchakra oder im Scheitelchakra.

Alle geerdeten Impulse des Menschen durchlaufen diese Reihe von Bewußtseinsformen:

Am Anfang steht die Identität: Herzchakra.

Aus ihr entstehen im Unterbewußtsein allgemein Impulse und Bedürfnisse: Sonnengeflecht und Halschakra.

Im Wachbewußtsein werden sie zu konkreten Zielen und Strategien: Hara und Drittes Auge.

Im Ekstase-Zustand wird eine einzelne Sache einsgerichtet im Hier und Jetzt erlebt: Wurzelchakra und Scheitelchakra.

Das fünfte Element ist die Welt außerhalb des eigenen Körpers, die durch diesen Vorgang berührt, verändert und erlebt wird.

I 3. b) Das Prinzip der Oktaven

Die vier Bewußtseinszustände lassen sich anhand eines EEGs erkennen – jede Bewußtseinsart hat eine bestimmte Frequenz:

die Symmetrie der sieben Hauptchakren						
Name	*Bewußtseinsart*	*EEG-Frequenz*	*Symmetrie*			
Scheitelchakra	Ekstase-Zustand	16 – 32 Hz				
Drittes Auge	Wachbewußtsein	8 – 16 Hz				
Halschakra	Unterbewußtsein	4 – 8 Hz				
Herzchakra	Tiefschlaf-Bewußtsein	2 – 4 Hz				
Sonnengeflecht	Unterbewußtsein	4 – 8 Hz				
Hara	Wachbewußtsein	8 – 16 Hz				
Wurzelchakra	Ekstase-Zustand	16 – 32 Hz				

Diese Übersicht zeigt deutlich, daß die vier verschiedenen Bewußtseinszustände jeweils die doppelte Frequenz wie die Bewußtseinsstufe unter ihr hat:

Das Unterbewußtsein hat eine doppelt so hohe Frequenz wie der Tiefschlaf-Zustand.

Der Wachzustand hat eine doppelt so hohe Frequenz wie das Unterbewußtsein.

Der Ekstase-Zustand hat eine doppelt so hohe Frequenz wie das Wachbewußtsein.

Mit musikalischen Begriffen gesagt ist der Tiefschlaf-Bewußtsein der Grundton, das Unterbewußtsein die nächsthöhere Oktave dieses Grundtons, das Wachbewußtsein die zweithöhere Oktave des Grundtons und der Ekstase-Zustand die dritthöhere Oktave des Grundtons.

Das Bewußtsein singt …

I 3. c) Meditation

Die verschiedenen Formen der Meditation bestehen daraus, daß man das Wachbewußtsein mit einem der anderen Bewußtseinszustände koordiniert. Das Wachbewußtsein ist immer mit dabei, weil die Meditation eine bewußte Tätigkeit ist.

Wachbewußtsein + Unterbewußtsein	= Traumreise
Wachbewußtsein + Tiefschlaf-Bewußtsein	= Stille-Meditation
Wachbewußtsein + Ekstase-Zustand	= Einsgerichtetheit

Es gibt auch komplexe Meditationen, die mehr als zwei Bewußtseinsformen miteinander verbinden.

Koordination der Bewußtseinsrhythmen								
	unkoordinierte Wellen/Rhythmus (Normalbewußtsein)							
Tiefschlaf								
Traumbewußtsein								
Wachbewußtsein								
Ekstase								
	koordinierte Wellen/Rhythmus (Meditation)							
Tiefschlaf								
Traumbewußtsein								
Wachbewußtsein								
Ekstase								

Der Weg vom Herzchakra durch die sechs anderen Hauptchakren nach außen ist also auch eine Einengung auf einen ausgewählten Bewußtseinsinhalt.

Diese Entscheidung in drei Schritten für ein bestimmtes Ding in der Welt sollte daher auch ein wesentliches Element in der Magie sein: entschiedene Einsgerichtet-heit …

I 3. d)   Die Stadt des Bewußtseins

Es gibt mehr als einen Menschen und die Bewußtseine dieser Menschen sind nicht voneinander isoliert – wie die vielen Erscheinungsformen der Telepathie eindrucks-voll zeigen.

Das bedeutet, daß es nicht nur ein „Haus des Bewußtseins" gibt, sondern auch eine „Stadt des Bewußtseins". Die Häuser in dieser Stadt sind auf allen Ebenen mitein-ander verbunden:

die „Stadt des Bewußtseins"	
das „Haus des Bewußtseins"	die „Stadt des Bewußtseins"
Tiefschlaf-Bewußtsein	allumfassendes Bewußtsein („Gott")
Unterbewußtsein	kollektives Unterbewußtsein (Magie)
Wachbewußtsein	gemeinsames Planen (Politik u.a.)
Ekstase	gemeinsames Handeln (Sex, Angst u.a.)
(Körper)	(Welt)

In dieser „Stadt des Bewußtseins" spielt sich auch die Magie ab – angefangen von einer einfachen Telepathie bis hin zu Wundern wie Materialisierungen. Die Chakren sind dabei die Orte, an denen etwas geschieht; sie sind die Orte, an denen die Identität eines Menschen aus dem Bewußtseins heraus in die materielle Welt gelangt und diese prägen.

Die sechs äußeren Chakren mit ihren verschiedenen Bewußtseinszuständen sind die Tore zwischen dem reinen Bewußtseins (ohne Inhalte) im Herzchakra zu dem eigenen Körper und zu der materiellen Welt allgemein.

I 4. Die Störungen

In jedem komplexen System kann es Störungen geben – das ist auch bei dem Chakrensystem nicht anders. Wenn man die Chakren in der Magie benutzen will, ist es daher sinnvoll, ihre möglichen Störungen zu kennen.

I 4. a) Störungen des Herzchakras

Die Identität im Herzchakra bleibt stets erhalten – allerdings kann sie mehr oder weniger gut nach außen hin in die anderen Chakren strahlen. Da das Herzchakra der inneren Stille entspricht, also dem „Bewußtsein ohne Bewußtseinsinhalte", wird dieser „leere Raum" nicht durch die Bewußtseinsinhalte in ihm beeinflußt.

Das Bewußtsein als solches ist immer da – es kann sich nur etwas Verschiedenes in ihm abspielen. Diese „Dramatik der Bewußtseinsinhalte" findet jedoch in den sechs äußeren Hauptchakren statt, die allesamt Bewußtseinsinhalte enthalten:

- Sonnengeflecht und Halschakra: alle Inhalte (Unterbewußtsein)

- Hara und Drittes Auge: die Inhalte, die in der jeweiligen Situation wichtig sind (Wachbewußtsein)

- Wurzelchakra und Scheitelchakra: ein einziger Inhalt (Ekstase-Zustand).

I 4. b) Störungen des Sonnengeflechts

Der heile Zustand des Sonnengeflechts ist der ungehinderte körperliche Selbstausdruck. Subjektiv wird dies als Selbstliebe wahrgenommen.

Wenn sich hier Lebenskraft staut, wenn also dieses Chakra dominant wird, entsteht der „Star", der alle Aufmerksamkeit auf sich ziehen will.

Ein Lebenskraftstau in diesem Chakra bewirkt einen Lebenskraftmangel in seinem Gegenpol, d.h. im Halschakra.

I 4. c)   Störungen des Halschakras

Der heile Zustand des Halschakras ist der ungehinderte soziale Selbstausdruck. Subjektiv wird dies als Selbstliebe wahrgenommen.

Wenn sich hier Lebenskraft staut, wenn also dieses Chakra dominant wird, entsteht der „Fan", der seine ganze Aufmerksamkeit auf jemand anderen ausrichtet.

Ein Lebenskraftstau in diesem Chakra bewirkt einen Lebenskraftmangel in seinem Gegenpol, d.h. im Sonnengeflecht.

I 4. d)   Störungen des Hara

Der heile Zustand des Haras ist die ungehinderte körperliche Lebensgestaltung. Subjektiv wird dies als Stärke wahrgenommen.

Wenn sich hier Lebenskraft staut, wenn also dieses Chakra dominant wird, entsteht der „Täter", der sich rücksichtslos gegen alle durchsetzt.

Ein Lebenskraftstau in diesem Chakra bewirkt einen Lebenskraftmangel in seinem Gegenpol, d.h. im Dritten Auge.

I 4. e)   Störungen des Dritten Auges

Der heile Zustand des Dritten Auges ist die ungehinderte soziale Lebensgestaltung. Subjektiv wird dies als Stärke wahrgenommen.

Wenn sich hier Lebenskraft staut, wenn also dieses Chakra dominant wird, entsteht das „Opfer", das sich gegen niemanden wehren kann.

Ein Lebenskraftstau in diesem Chakra bewirkt einen Lebenskraftmangel in seinem Gegenpol, d.h. im Hara.

I 4. f)   Störungen des Wurzelchakras

Der heile Zustand des Wurzelchakras ist der ungehinderte körperliche Kontakt. Subjektiv wird dies als Fülle wahrgenommen.

Wenn sich hier Lebenskraft staut, wenn also dieses Chakra dominant wird, entsteht der „Süchtige", der nie genug bekommen kann.

Ein Lebenskraftstau in diesem Chakra bewirkt einen Lebenskraftmangel in seinem Gegenpol, d.h. im Scheitelchakra.

I 4. g)   Störungen des Scheitelchakras

Der heile Zustand des Scheitelchakras ist der ungehinderte soziale Kontakt. Subjektiv wird dies als Fülle wahrgenommen.

Wenn sich hier Lebenskraft staut, wenn also dieses Chakra dominant wird, entsteht der „Asket", der auf alles verzichtet.

Ein Lebenskraftstau in diesem Chakra bewirkt einen Lebenskraftmangel in seinem Gegenpol, d.h. im Wurzelchakra.

I 4. h)   Übersicht

Diese sechs möglichen Abweichungen von dem „Weg der Mitte", also diese sechs Irrwege, lassen sich in einer Übersicht zusammenfassen:

die möglichen Störungen in den sechs äußeren Hauptchakren				
Chakren-Paar	*Chakren*	*Heiler Zustand*	*Abweichungen*	
			„zu laut" (Lebenskraftstau in einem der drei unteren Chakren)	*„zu leise" (Lebenskraftstau in einem der drei oberen Chakren)*
1. Paar	Sonnengeflecht	Selbstliebe	Star	
	Halschakra			Fan
2. Paar	Hara	Stärke	Täter	
	Drittes Auge			Opfer
3. Paar	Wurzelchakra	Fülle	Süchtiger	
	Scheitelchakra			Asket

Die drei Formen des heilen Zustandes enthalten alle „angenehmen Gefühle" und die sechs Abweichungen, die durch die drei Polarisierungen entstehen, enthalten alle „unangenehmen Gefühle".

Wenn z.B. die Stärke auf ein Hindernis trifft, das das eigene Handeln behindert, entsteht Wut. Wenn die Wut nichts bewirkt, kann sie entweder weiter gesteigert werden, wodurch dann der Haß und die Grausamkeit des Täters entstehen, oder sie kann nach innen gerichtet werden, wodurch dann die Traurigkeit und die Depressionen des

Opfers entstehen. Daher führt sowohl die Heilung von Haß (Täter) als auch von Traurigkeit (Opfer) über die ursprünglich Wut wieder zurück zur „heilen Stärke".

(Diese Zusammenhänge habe ich ausführlich in meinem Buch „Gefühle und ihre Verwandlungen" dargestellt.)

Diese Zusammenhänge zwischen den Chakren und den Gefühlen sind in Bezug auf das Thema des vorliegenden Buches nur deshalb interessant, weil sie zeigen, wie grundlegend wichtig die Chakren und ihre Zustände (heil oder polarisiert) für unser Leben sind. Die Bedeutung der Chakren und ihres Zustands geht weit über die Magie hinaus und betrifft das tägliche Lebensgefühl.

I 5. Anwendungen in der Magie

Die Chakren werden teilweise bewußt, meist jedoch eher unbewußt auch in der Magie benutzt. Da die Magie die kreative Nutzung der Freiheit des Bewußtseins in seiner Wirkung auf die „träge" Materie ist, ist dies auch nicht anders zu erwarten.

Eine systematische Nutzung der Chakren ist in der Magie nicht üblich – sie werden eher manchmal nebenbei mit in Betracht gezogen.

In Indien, wo die Erweckung der Chakren ein zentraler Bestandteil des Yogas ist, erscheinen die Chakren wegen ihrer Bedeutung für die Meditation als Elemente eines Systems und werden daher auch systematisch betrachtet. Die Magie ist hier ein Nebeneffekt, der meist sogar unerwünscht ist. Die durch die Meditation erlangten magischen Fähigkeiten werden „Siddhis" genannt und werden oft lediglich als unerwünschte Störung der Meditation angesehen. „Siddhi" bedeutet schlicht „Fähigkeit".

Eine Synthese von Meditation und Magie, in der beides gleichberechtigt enthalten ist, ist bislang noch nicht entwickelt worden. Das vorliegende Buch ist u.a. der Versuch, beides als eine organische Einheit zu beschreiben.

I 5. a)   Das Herzchakra in der Magie

Magie

Der Herzchakra ist der „Tempel der Seele". Daher ist das Herzchakra ein wichtiges Chakra in der „Hohen Magie", in der es u.a. auch um Selbsterkenntnis geht. Hier findet man seine eigene Identität. Die eigene Seele erscheint einem, solange man sie noch nicht als die eigene Mitte erkannt hat, als der eigene Schutzgeist oder Schutzengel.

Mit dem Herzchakra wird manchmal auch ein Goldener Kelch assoziiert – der Gral. Dies ist ein Symbol der Hingabe an die eigene Seele.

Chakra

Die Erweckung des Herzchakras führt zum Erkennen von sich selber und zu der Kenntnis der eigenen Psyche. Dadurch entsteht die Auflösung aller Widersprüche und eine tiefe Selbstbejahung sowie eine innere Freiheit und ein auf diesem Erleben aufbauender unerschütterlicher Optimismus. Da man in sich selber ruht, klammert man sich auch an nichts mehr fest. Auffällig sind der sehr feine Tastsinn und das häufig auftretende Genießen von Klängen. Die Selbsterkenntnis führt oft zu kreativen Impulsen.

Siddhis

Zu den magischen Siddhis des Herzchakras gehören die Telepathie einschließlich der Wahrnehmung von Vergangenheit und Zukunft sowie die Telekinese. Man kann die Gemütszustände anderer Menschen sehr genau wahrnehmen. Es gibt auch eine Neigung zu Astralreisen sowie die Fähigkeit, durch Berührungen oder auch lediglich durch Wünschen zu heilen.

Schlaf

Menschen, bei denen das Herzchakra von allen Chakren am aktivsten ist, schlafen oft nur 4-6 Stunden lang und liegen dabei in der Regel auf der linken Seite.

I 5. b)   Das Sonnengeflecht in der Magie

Magie

Das Sonnengeflecht organisiert die Flüsse der Lebenskraft im eigenen Körper. Daher finden sich hier auch die Lebenskraft-Verbindungen zu anderen Menschen, die man als milchigweiße Lebenskraftfäden mit einem leichten Blauschimmer wahrnehmen kann. Sie werden auch „Silberschnüre" genannt. Sie sind z.T. erwünscht wie z.B. zwischen einer Mutter und ihrem Kind, da die Mutter dann telepathisch wahrnehmen kann, wenn ihr Kind in Gefahr gerät, und z.T. aber auch unerwünscht, weil dadurch Lebenskraft-Vampirismus ausgeübt werden kann.

Unerwünschte Silberschnüre kann man imaginativ mit einem Messer direkt über dem eigenen Sonnengeflecht durchschneiden. Man sollte dann anschließend ein Schutzzeichen (Pentagramm, Kreuz u.ä.) auf das eigene Sonnengeflecht malen – entweder imaginativ oder mit Drachenblut (zerriebenes Harz vom Drachenbaum). Das nun offene Ende der abgeschnittenen Silberschnur, die noch an dem anderen Menschen hängt, sollte man an Mutter Erde übergeben, damit sich dieses freie Ende nicht wieder an denselben Menschen oder an jemand anderen anheftet. Der andere Mensch, zu dem diese Silberschnur geführt hat, braucht bei dieser Silberschnur-Durchtrennung natürlich nicht anwesend sein.

Chakra-Qualitäten

Beim Erwachen des Sonnengeflechts entsteht manchmal ein Erkennen der eigenen Verbundenheit mit allen Wesen durch Silberschnüre oder auch ein Erkennen der Abgrenzungslosigkeit des Bewußtseins. Die Psyche beginnt sich zu heilen, wenn man das Sonnengeflecht erweckt und man entwickelt ein tieferes Verständnis für den eigenen Körper und die Lebenskraftflüsse in ihm. Es kommt auch das Entfalten von Mitgefühl und Wohlwollen vor. Das führt insgesamt zu einem beständigen Glücklichsein.

Siddhis

Da das Sonnengeflecht die Lebenskraftströme im Körper repräsentiert, führt das Erwachen des Sonnengeflechts zu einer kräftigen Gesundheit und einer großen Vitalität sowie zu einer auffälligen Langlebigkeit. Man entdeckt in sich selber die Kraft zu erschaffen und zu zerstören – man lernt, die eigene Lebenskraft zu lenken. Dies führt auch zu Furchtlosigkeit und zu einer deutlich verbesserten Fähigkeit der Selbstverteidigung. Da man selber zunehmend die eigene Kraft lenken kann, die symbolisch Feuer ist, verliert man jede Angst vor Feuer (Feuerlauf). Markantere

Siddhis sind das Entdecken von Heilmitteln und das Finden von verborgenen Schätzen.

Schlaf

Menschen, bei denen das Sonnengeflecht von allen Chakren am aktivsten ist, schlafen meist 6-8 Stunden pro Nacht und liegen dabei auf dem Rücken. Dies ist bei Erwachsenen der häufigste Zustand.

I 5. c)   Das Halschakra in der Magie

Magie

Das Halschakra dient der Kommunikation und der Koordination. Es ist das Chakra des sozialen Selbstausdruck: Man zeigt anderen, wer man ist und läßt sich idealerweise nicht darin beirren, sich darin treu zu bleiben.

Chakra-Qualitäten

Das Halschakra ermöglicht es, die Gedanken und Gefühle anderer Menschen wahrzunehmen – es ist das Chakra, durch das man sich anderen zeigt und durch das man andere sieht.

Ein wichtiger Punkt ist es, daß der Verstand aufhört, alles lenken zu wollen – er wird wieder zum „Helfer des Herzens". Trotzdem hat man ein Bedürfnis nach Erkennen und Wissen und hört in diesem Zusammenhang auf, Dinge zu verdrängen. Dabei entwickelt man Gelassenheit, Ernsthaftigkeit, Reinheit und das Nicht-Anhaften. Zudem hört man auf, Dinge zu beurteilen – obwohl man durchaus eine Richtung und eine Meinung hat.

Man wird zu einem klaren Forscher, guten Zuhörer, talentierten Lehrer, geschickten Autor, begabten Redner und verfügt über ein großes Wissen.

Man arbeitet, ohne an den Früchten zu haften. In „Gespräche mit Gott" wird dazu gesagt, daß man mit aller Intensität nach dem streben sollte, was man erreichen will, aber stets unabhängig davon bleiben sollte, ob man es erreicht oder nicht. Diese Intensität, Ausrichtung und zugleich Unabhängigkeit ist eine wesentliche Qualität sowohl des Sonnengeflechts als auch des Halschakras.

Siddhis

Das Erwachen des Halschakras fördert wie das Sonnengeflecht die Kraft des Körpers und führt daher zu einer Verjüngung und sozusagen zu einer „ewigen Jugend". Mit dieser erwachenden Kraft hängt auch die bei einem intakten Halschakra oft zu beobachtende Furchtlosigkeit zusammen.

Man nimmt das Vergangene, das Gegenwärtige und das Zukünftige wahr. Man kann zudem mühelos andere Weltanschauungen und auch Träume anderer Menschen verstehen.

Das Erwachen des Halschakras reduziert deutlich die Gefühle von Hunger und Durst.

Insgesamt neigen Menschen mit einem aktiven Halschakra zu der Haltung des Taoismus: „Entspanne Dich ins Hier und Jetzt hinein." und „Iß, wenn Du Hunger hast; schlaf, wenn Du müde bist."

Schlaf

Wenn das Halschakra das aktivste von allen Chakren ist, sind 4-6 Stunden Schlaf pro Nacht typisch.

I 5. d)   Das Hara in der Magie

Magie

Das Hara ist das zentrale Element in der Kampfmagie, da es mit Standfestigkeit und Dominanz verbunden ist – im Extremfall läßt ein Lebenskraftstau im Hara den Typ des Täters/Sadisten entstehen.

Auch für das Ausüben von Hypnose ist ein intaktes Hara förderlich.

Chakra-Qualitäten

Das Erwachen des Haras führt zu einer größeren Selbstsicherheit und Standfestigkeit und somit indirekt auch zu einem größeren Selbstwertgefühl. Dies kann auch zu Fairness und Ritterlichkeit gegenüber anderen Menschen führen.

Die innere Wirkung ist das Entstehen eines tiefen Friedens. Dieser innere Frieden ist jedoch nichts Statisches, sondern etwas Fließendes – der innere Halt ist ein Rhythmus, ein im-Fluß-bleiben. Dies gilt für jeden Sport, für den Sex, für den Tanz, für den Kampf und auch alle anderen Formen der Bewegung.

Die Heilung des Haras führt zu einer Verminderung der Lust, des Gier und des Hasses – das Extrem-Bild des „Täters" löst sich auf und es entsteht ein Mensch, der in seiner Kraft ruht.

Der innere Halt führt auch dazu, daß man den eigenen Körper besser versteht. Oft wird auch der Geschmackssinn sensibler.

Siddhis

Durch das Erwachen des Haras entstehen intuitives Wissen und intuitives Reden – sowohl die Telepathie als auch die Telekinese werden stärker. Noch auffälliger ist die spontane Erfüllung von Wünschen – die ja auch auf Telepathie/Telekinese beruht.

Es wird auch über eine Auflösung der Angst vor Wasser berichtet – weil man keinen äußeren Halt mehr braucht, sondern im Hara einen inneren Halt gefunden hat?

Wenn man sich in einer Traumreise anschaut, in welchem Bewußtsein Jesus über das Wasser des Sees Genezareth gegangen ist, findet man auch diese vollkommene innere Sicherheit, in der es nicht den geringsten Hauch eines Zweifels an dem gibt, was man gerade tut: der innere Halt des Haras.

Schlaf

Bei Menschen, bei denen das Hara das aktivste Chakra ist, sind 8-10 Stunden Schlaf in der Fötus-Haltung üblich.

I 5. e) Das Dritte Auge in der Magie

Magie

Das Dritte Auge ist das Chakra der Konzentration, der Wahrnehmung, des Einfühlungsvermögens, des Hellsehens (optische Wahrnehmung der Lebenskraft als milchigweißes Leuchten) und auch der Imagination, die das aktive Gegenstück zum passiven Hellsehen ist.

Da die Imagination ein wesentliches Element in der Magie ist, ist das Dritte Auge bei vielen Magiern und Zauberinnen gut entwickelt – sie brauchen zudem aber auch ein gut entwickeltes Hara, um prägend auf ihre Umwelt einwirken zu können.

Das Dritte Auge ist natürlich auch für die Seher und Seherinnen das zentrale Chakra – wobei sie nicht unbedingt ein starkes Hara brauchen, da sie nur wahrnehmen, aber nicht prägen.

Chakra-Qualitäten

Durch das Erwecken des Dritten Auges entsteht Eigenständigkeit und eine Freiheit von Einschränkungen und somit schließlich eine selbstgestaltete Lebensführung.

Da alle Dinge stets als Teil des Ganzen gesehen werden, verursacht der ständige Wandel kein Leid mehr und die Gefühle von Mangel, Schwäche und Wertlosigkeit beruhigen sich nach und nach.

Man versteht die Kausalität zunehmend besser – und auch das Karma, falls man das für real hält.

Man erlebt das Samadhi („Nicht-Zweiheit") und entwickelt wahrscheinlich die Neigung, alleine als Yogi o.ä. zu leben.

Siddhis

Durch das Dritte Auge können Dinge intuitiv erfaßt und Wahrheit von Irrtum und Lüge unterschieden werden sowie die Vergangenheit und die Zukunft wahrgenommen werden. Diese Fähigkeit sowie das Aurasehen ergeben zusammen ein Talent im Benutzen von Orakeln.

Ein auffälliges Merkmal des aktiven Dritten Auges ist wie beim Hara, daß auf Entschlüsse sofort das Ergebnis folgt – spontane Wunscherfüllung.

„Aum" ist das beste Mantra für dieses Chakra.

Schlaf

Wenn bei einem Menschen das Dritte Auge das aktivste Chakra ist, werden oft pro Nacht nur noch 2 Stunden Schlaf gebraucht.

I 5. f) Das Wurzelchakra in der Magie

Magie

In der Magie wird das Wurzelchakra hauptsächlich zur Erweckung der Kundalini und für die Sexualmagie (Aufladen von Talismanen u.a. durch Sex) benutzt.

Eher unbekannt, aber ausgesprochen hilfreich ist das Verbinden des Wurzelchakras durch einen imaginierten Lebenskraft-Lichtfaden („Silbeschnur") zur dem glühenden Eisen-Nickel-Kern in der Erdmitte, der das Wurzelchakra der Erde ist. Dadurch kann man sich selber auf einfache Weise mit Kraft aufladen.

Chakra-Qualitäten

Durch das Erwecken des Wurzelchakras werden viele unterdrückte Gefühle bewußt, was manchmal zu Aggressionen und Angst führt – evtl. auch zu Mangelgefühlen. In einer solchen Phase wird viel Sicherheit, Schlaf und Nahrung gebraucht – typische Bedürfnisse bei einem Mangel an Fülle.

Wenn das Wurzelchakra geheilt worden ist, tritt an die Stelle des Mangels wieder die Fülle – und an die Stelle des Süchtigen wieder das „satte Kind". Dadurch entsteht wieder eine Sicherheit und innere Reinheit und man wird ausgeglichen und fröhlich. Da der Verstand nun keinen unerträglichen Zustand mehr beseitigen muß, kann der Verstand auch wieder auf seine normale Größe schrumpfen und braucht keine Aufgaben mehr zu übernehmen, für die er nicht geeignet ist.

Eine Nebenwirkung dieses Wiederfindens der inneren Fülle ist eine sanfte und zugleich machtvolle Stimme.

Es ist auch eine Steigerung des Geruchsinns beobachtet worden – er ist eines der ältesten Sinnesorgane, die schon früh in der Evolution entwickelt worden sind.

Siddhis

Durch das Erwecken der Lebenskraft im Wurzelchakra entsteht auch eine ungewöhnliche physische Kraft, wodurch man die Ausstrahlung eines Königs erlangt.

Da die Lebenskraft im Wurzelchakra wieder frei fließen kann, entsteht wieder Fülle, lösen sich die Hindernisse auf und man hat leicht Erfolg – jeder Gedanke scheint sich mühelos zu verwirklichen. Zudem ist man vor Krankheiten geschützt.

Man erinnert sich evtl. an frühere Leben. Zudem wird Telepathie jeder Art immer einfacher.

Man scheint ein „Freund der Erde" zu werden – man bleibt z.B. bei Stürzen fast immer unverletzt.

Das Erwecken des Wurzelchakras scheint auch das Erlernen der Astralreise zu fördern.

Ein weiteres Phänomen ist das „Froschhüpfen-Siddhi", das eine Vorstufe zur Levitation (Schweben) ist. Bei diesem Siddhi machen die Beine im Lotussitz unwillkürliche Bewegungen, durch die man kleine Sprünge macht.

Schlaf

Wenn bei einem Menschen dieses Chakra am aktivsten ist, werden meistens 10-12 Stunden Schlaf gebraucht. Meist liegen die Betreffenden dabei auf ihrem Bauch.

I 5. g)   Das Scheitelchakra in der Magie

Magie

Das Scheitelchakra ist die Verbindung nach „oben". Daher gehören zu diesem Chakra die Hingabe, das Gebet und die Invokationen (Identifizierung mit einer Gottheit).

Chakra-Qualitäten

Durch das Erwachen des Scheitelchakras kann man die Einheit hinter der Vielheit erleben. Man wird konzentriert und einsgerichtet – Einheit, Subjekt, Objekt und Erlebnis werden eins; die Abgrenzung des Bewußtseins löst sich auf. In der indischen Überlieferung wird dieser Zustand „Das bin ich" („Aham Bramhasmin") genannt. In der jüdischen Kabbala wird dies als „Ich bin, der ich bin." („Eheieh") bezeichnet.

Ein Aspekt dieses Vorganges ist es, daß sich der innere Mann und die innere Frau miteinander vereinen, wodurch man wieder die eigene Seele wahrnehmen kann – die Lebenskraft fließt von Ida und Pingala in die Sushumna. Auf mythologischer Ebene ist dies die Vereinigung von Shiva und Shakti.

Dadurch erlangt man Weisheit, Gelassenheit und Glückseligkeit.

Siddhis

Man nimmt Geister, Gottheiten und den Willen von Gottheiten wahr und man erlangt eine Vision des eigenen Gurus oder der eigenen Gottheit.

Man hat alle Siddhis erlangt, aber hat nicht das Bedürfnis, sie anzuwenden – außer wenn es sich z.B. bei einer Heilung richtig anfühlt.

Schlaf

Wenn dieses Chakra vollständig erwacht ist, braucht man keinen Schlaf mehr – das „Instrument" bleibt immer gestimmt und man braucht nicht mehr den Schlaf, um das eigene Instrument wieder zu stimmen.

I 5. h)   Die Handchakren in der Magie

Die Handchakren werden zum telepathischen Wahrnehmen und zur Lebenskraft-übertragung bei Heilung und Segnungen benutzt. Man kann durch die Handchakren auch selber Lebenskraft z.B. von der Sonne oder dem Mond aufnehmen, indem man die Handflächen der Sonne bzw. dem Mond entgegenhält.

I 5. i)   Die Fußchakren in der Magie

Mithilfe der Fußchakren kann man sich erden, d.h. eine Verbindung zur Erde herstellen und von ihr Lebenskraft aufnehmen. Das ist am einfachsten, wenn man barfuß auf der Erde steht.

I 5. j)   Übersicht über „Schlaf und Chakren"

Schlaf und Chakren		
dominantes Chakra	*Schlafdauer*	*Schlafhaltung*
Scheitelchakra	0 Stunden	-
Drittes Auge	2 Stunden	-
Halschakra	4 – 6 Stunden	-
Herzchakra	4 – 6 Stunden	auf der linken Seite
Sonnengeflecht	6 – 8 Stunden	auf dem Rücken
Hara	8 – 10 Stunden	in der Fötus-Haltung
Wurzelchakra	10 – 12 Stunden	-

I 6. Die Erweckung der Chakren

Es gibt allgemeine Methoden, die man auf alle Chakren anwenden kann, sowie spezielle Methoden, die man auf ein Chakrenpaar oder auch nur auf ein einzelnes Chakra anwenden kann.

Die allgemeine Methode besteht darin, daß man sich vorstellt, beim Einatmen Lebenskraft in das betreffende Chakra zu lenken und diese Lebenskraft dort beim Ausatmen aufglühen oder aufleuchten zu lassen.

Beim Einatmen spricht man dabei innerlich entweder den Namen des Chakras oder einer Gottheit, die man um Hilfe bittet, und beim Ausatmen den Namen der Qualität dieses Chakras – also z.B. „Shiva – Feuer" im Wurzelchakra. Man kann auch einfach sowohl beim Einatmen als auch beim Aus-atmen innerlich „Feuer" sprechen.

Dabei imaginiert man entweder das Chakra selber oder ein Symbol in ihm – z.B. Feuer im Wurzelchakra.

Diese Meditation sollte von Gefühl erfüllt sein – von der Sehnsucht danach, dieses Chakra zu erwecken und sich selber mit seiner Qualität zu erfüllen.

Mithilfe der verschiedenen Bewußtseinsarten, die zu dem Herzchakra und den drei Chakra-Paaren gehören, kann man speziellere Meditationen bilden, die diese Chakren erwecken – das Wachbewußtsein ist immer dabei, da das Meditieren ein bewußter Vorgang ist:

> Herzckakra: Tiefschlaf-Bewußtsein (und Wachbewußtsein)
>   = Stille-Meditation
>
> Sonnengeflecht / Halschakra: (Wachbewußtsein und Unterbewußtsein)
>   = Traumreisen, Imaginationen
>
> Hara /Drittes Auge: Wachbewußtsein
>   = Klarheit, Aufrichtigkeit, Direktheit; sich zeigen, wie man ist
>
> Wurzelchakra / Scheitelchakra: Ekstase-Zustand (und Wachbewußtsein)
>   = Einsgerichtetheit, Tantra, im Hier und Jetzt sein

Für die einzelnen Chakren gibt es verschiedene Übungen im Hatha-Yoga, die aus bestimmten Körperhaltungen, Bewegungen, Atemübungen, Mantren usw. bestehen.

Das ist jetzt nur eine allgemeine Übersicht – die individuelle Methode, die eigenen Chakren zu erwecken, wird so gut wie immer eine Vielfalt von Hilfsmitteln enthalten und auch fast nie einen 'geraden Weg' gehen, sondern einen Weg mit vielen Bergen, Tälern, Schlaglöchern, unerwarteten Hilfen, plötzlichen Erkenntnissen, dem Ausprobieren von Neuem und vielem mehr …

I 7. Der Dreischritt in der Magie

Bisher sind hauptsächlich die Chakren beschrieben worden, die durch den Dreischritt geprägt sind, aber noch nicht der Dreischritt in der Magie. Dieser hat in der Magie dieselbe Dynamik wie in den Chakren, da die Chakren der Weg sind, auf dem die magisch-kreativen Impulse vom Bewußtsein aus in die Welt kommen.

Der Anfang liegt im Herzchakra, im „Ich bin." Dies ist die Quelle einer jeden magisch wirksamen Handlung.
Dies geschieht in der Stille des Tiefschlaf-Bewußtseins.

Der erste Schritt ist der ungehemmte Selbstausdruck: Die Identität wird zu einem Gefühl, zu einem allgemeinen Wunsch, zu einem Impuls – man will etwas ausdrücken und erleben … letztlich will man immer sich selber erleben.
Dies geschieht in der Selbstliebe des Unterbewußtseins.

Der zweite Schritt ist die Konkretisierung des allgemeinen Wunsches: Man wählt in der Welt einen bestimmten Ort, eine Zeit, eine Person aus, um dann das Erwünschte zu erleben – man entscheidet, plant, tut und kämpft für das, was man erreichen will.
Dies geschieht in der Stärke des Wachbewußtseins.

Der dritte Schritt ist das eigentliche Erleben: Man ist ganz im Hier und Jetzt und nimmt das, was ist, einsgerichtet mit allen Sinnen wahr.
Dies geschieht in der Fülle des Ekstase-Zustandes.

Der erste und der zweite Schritt sind aus der Magie gut bekannt: Der erste Schritt ist die Konzentration, also die hemmungslose Ausrichtung auf ein Ziel; der zweite Schritt ist das Benutzen einer Methode, einer Analogie, einer Struktur.
Der erste Punkt ist letztlich auch der wichtigste: Wenn man nicht in sich ruht und aus seinem Herzen heraus handelt, erschafft man nur Dinge, die man dann gar nicht wirklich brauchen kann …
Der dritte Schritt ist das Erleben des Ergebnisses der magischen Handlung – man muß die Früchte auch annehmen und genießen können, denn sonst hat das Ganze letztlich keinen Wert.
Diese drei Schritte zwischen dem Herzchakra und der Welt werden in dem nächsten Kapitel genauer betrachtet.

II   Aufbau und Vorkommen des Dreischritts

Um den Dreischritt der Chakren in der Magie effektiv anwenden zu können, ist es hilfreich, die drei Qualitäten dieses Dreischritt (plus seine Quelle im Herzchakra) möglichst tiefgehend, präzise und anschaulich zu beschreiben. Dafür ist es notwendig, sich diesen Dreischritt in den verschiedensten Bereichen anzusehen und die dabei gefundenen Erkenntnisse zu sammeln und miteinander zu kombinieren.

II 1.   Der Dreischritt

Man kann den Dreischritt in den verschiedensten Bereichen finden. Die im folgenden angeführten Beispiele sind in die sieben Themenbereiche geordnet, aus denen sie stammen: Physik – Psychologie – Geschichte – Wirtschaft – Alltag – Astrologie – Magie.

Physik

II 1. a)   Die drei Grundkräfte

Es gibt drei Grundkräfte, die sich in ihrem Wesen deutlich unterscheiden. Von ihnen leiten sich verschiedene andere Kräfte ab, die jedoch in ihrem eigentlich Wesen her komplexere Erscheinungsformen dieser drei Kräfte sind.

Die Gravitation ist die älteste, einfachste und schwächste der drei Grundkräfte. Sie ist einpolar, d.h. sie wirkt zwischen allem – zwischen jeder Materie und jeder Energie. Sie zieht alles zusammen.

Sie entspricht der 'Phase 1', die der hemmungslose, uneingeschränkte, alles umfassende Selbstausdruck ist.

Die elektromagnetische Kraft ist die zweitälteste der drei Grundkräfte und von ihrer Stärke her die mittlere der drei Kräfte. Sie ist zweipolar (+ und -) und wirkt nur zwischen Teilchen, die eine elektrische Ladung haben. Zwei Teilchen, die eine gleichgroße Ladung haben, von denen die eine Ladung „+" und die andere Ladung „-" ist, sind insgesamt neutral. Sie ziehen sich an, wenn die Ladung verschieden ist, und sie stoßen sich ab, wenn ihre Ladung gleich ist.

Sie entspricht der 'Phase 2', in der Strukturen, Hinwendungen und Abneigungen entstehen, also eine Auswahl getroffen und verschieden reagiert wird.

Jedes Teilchen mit einer elektromagnetischen Ladung reagiert auch auf die Gravitation.

Die Farbkraft oder starke Wechselwirkung ist die drittälteste und stärkste der drei Grundkräfte und kommt nur im Atomkern vor. Sie ist dreipolar („rot", „gelb", „blau") und wirkt nur zwischen Teilchen die eine „Farb-Ladung" haben. Drei Teilchen, die eine gleichgroße Ladung haben, die bei einem Teilchen „rot", bei einem „gelb" und bei dem dritten „blau" ist, sind insgesamt neutral („weiß"). Diese Kraft hat natürlich keine Farbe, sondern ist lediglich so benannt worden, weil das Gleichnis zu der Mischung der drei Grundfarben so naheliegend gewesen ist.

Sie entspricht der 'Phase 3', in der alles zusammengezogen und einsgerichtet wird – so wie auch die Farbkraft drei Teilchen fest zusammenbindet.

Jedes Teilchen mit einer „Farb-Ladung" reagiert auch auf die elektromagnetische Kraft und auf die Gravitation.

Zusammenfassung

Phase 1: Die Gravitation ist einpolar, allumfassend und uneingeschränkt – „hemmungslos".

Phase 2: Die elektromagnetische Kraft ist zweipolar und schafft sowohl Bindungen als auch Gegensatz-Abstoßungen.

Phase 3: Die Farbkraft ist dreipolar und zieht alles auf einen Punkt zusammen – Einsgerichtetheit.

=> Die drei Phasen haben deutlich verschiedene Eigenschaften.

II 1. b)   Die drei Größen der Elementarteilchen

Die materielle Welt besteht aus vier Grundbausteinen: das up-Quark, das down-Quark, das Elektron und das Neutrino. Die Protonen und die Neutronen setzen sich aus jeweils drei Quarks zusammen. Aus diesen beiden und den Elektronen bestehen wiederum die Atome.

Eigenschaft der vier grundlegenden Elementarteilchen			
Teilchen	**Eigenschaft**		
	Masse (Gravitation)	*elektromagnetische Ladung*	*Farbladung*
up-Quark	x	x	x
down-Quark	x	x	x
Elektron	x	x	
Neutrino	x		

Diese vier Teilchen erscheinen in drei verschiedenen Größen, von denen nur die kleinste stabil ist. Die größte Form zerfällt zu der zweitgrößten und diese wiederum zu der kleinsten.

Diese drei Größen entsprechen dem Dreischritt.

die 12 grundlegenden Elementarteilchen			
	1. Familie **normale Teilchen** **('Phase 1')**	**2. Familie** **schwere Teilchen** **('Phase 2')**	**3. Familie** **sehr schwere Teilchen** **('Phase 3')**
Quark 1	„up"-Quark	„charm"-Quark	„truth"-Quark
Quark 2	„down"-Quark	„strange"-Quark	„beauty"-Quark
Leptonen	Elektron	Myon	Tauon
Neutrinos	Elektron-Neutrino	Myon-Neutrino	Tauon-Neutrino

Zusammenfassung
Phase 1: Sie ist die stabilste Form.   Phase 2: Sie ist die zweitstabilste Form.   Phase 3: Sie ist die drittstabilste Form.   => Alle Teilchen haben die Tendenz, zu der 'Phase 1' zurückzukehren.

II 1. c) Der Sonnenwind

Der Sonnenwind ist die Strahlung, die von der Sonne ausgeht – nicht nur das Licht selber, sondern auch die Teilchen, die von ihr in den Weltraum hinausgeschleudert werden (hauptsächlich Protonen und Elektronen). Der Sonnenwind ist ein Teil des die Sonne umgebenden Raumes.

> Das Zentrum ist die strahlende <u>Sonne</u>.
> Sie entspricht dem strahlenden Herzchakra.

Um die Sonne herum befindet sich ein Bereich, der ganz durch die von der Sonne abgestrahlten Photonen (Licht) und den von ihr abgestrahlten Ionen (elektrisch geladene Teilchen) geprägt ist. In diesem Bereich ist alle Materie („Sternenstaub") durch diesen „<u>Sonnenwind</u>" nach außen hin fortgeweht worden.

Dieser vollständig von der Sonne geprägte Bereich rings um die Sonne entspricht dem uneingeschränkten körperlichen Selbstausdruck des Sonnengeflechts und dem uneingeschränkten sozialen Selbstausdruck des Halschakras.

Der Sonnenwind schiebt alle kleinkörnige Materie („Sternenstaub") in ihrem Umraum wie ein Schneeschieber nach außen und nach allen Seiten hin von der Sonne fort. Dadurch bildet sich eine Art Wall vor dem Sonnenwind, der aus dem Sternenstaub und aus den von der Sonne abgestrahlten Ionen besteht. Sie wird „<u>Stoßfront</u>" genannt. Die gesamte Masse dieser „Hülle" entspricht ungefähr der Masse der Erde, aber sie besteht nur aus fein verteiltem Staub.

Diese Hülle um den vom Sonnenwind geprägten Bereich direkt um die Sonne entspricht den beiden Form-Chakren: Das Hara gibt dem Menschen einen festen inneren Halt und das Dritte Auge gibt dem Menschen eine Orientierung im gesamten Umraum.

Die Stoßfront bewegt sich allmählich immer weiter nach außen hin von der Sonne fort, da der Sonnenwind ständig von innen her gegen diese Stoßfront weht und ihr ständig neuen Schub verleiht. Dadurch wird der vom Sonnenwind geprägte Bereich rings um die Sonne immer größer. Diese expandierende Stoßfront, die eine Kugelhülle aus Sternenstaub und Sonnen-Ionen ist, bewegt sich durch den Sternenstaub im Weltall wie ein Schiff im Wasser. Dadurch entsteht vor der Stoßfront eine „<u>Bugwelle</u>" aus Sternenstaub.

Diese „Bugwelle" entspricht den beiden äußeren Chakren, die wie die Bugwelle Kontakt zu der Umgebung aufnehmen: Das Wurzelchakra ist der körperliche Kontakt und das Scheitelchakra der geistige Kontakt.

Außerhalb dieses von der Sonne geprägten Bereiches ist der Weltraum mit dem Sternenstaub (winzige Materieteilchen) in ihm.

Dieser Bereich entspricht der äußeren Welt.

Diese drei Räume rings um die Sonne (Sonnenwind-Raum, Stoßfront, Bugwelle) entsprechen den Qualitäten der drei Chakrenpaare. Die Sonne selber entspricht dem Herzchakra.

Doch die Analogie zwischen dem Sonnensystem und dem Chakrensystem ist damit noch nicht erschöpft:

Die Sonne enthält Ionen, also elektrisch geladene Teilchen. Wenn sich eine elektrische Ladung bewegt (wie bei der Sonne durch ihre Rotation), entsteht ein magnetisches Feld. Das magnetische Feld steht immer im rechten Winkel zu der Bewegungsrichtung der elektrischen Ladung. Das führt bei einer Rotation zu zwei Strahlen, die aus den beiden Polen des Sternes, des Planeten oder der Galaxie austreten. Es sind zwei Strahlen, weil es sowohl positiv als auch negativ geladene Ionen gibt und die durch deren Bewegung entstehenden Magnetfelder in entgegengesetzte Richtungen weisen. Auf diese Weise entsteht auch der magnetische Nordpol und der magnetische Südpol der Erde, die die Benutzung eines Kompasses ermöglichen. Diese beiden magnetischen Strahlen, die aus den Polen der Sonne austreten, werden „Jets" genannt.

Diese beiden „Jets" finden sich im Lebenskraftkörper als die Bahn der Kundalini wieder, die vom unteren Chakra bis zum obersten Chakra aufsteigt. Diese Bahn („Lebenskraft-Kanal") wird im Yoga „Sushumna" genannt.

An den Stellen, an denen dieser „Jet" von den beiden Polen der Sonne ausgehend durch die drei Bereiche fliegt, entstehen Wirbel.

Diese „Wirbel" an den Stellen, an denen die beiden Jets durch die drei Bereiche des Umraums der Sonne fliegen, entsprechen den drei Chakren oberhalb des Herzchakras und unterhalb des Herzchakras. Der Wirbel an den Jets entspricht der kreisenden Bewegung der Chakren.

Die magnetischen Jets wirken ihrerseits wieder auf die Ionen in ihrer Umgebung und beschleunigen sie nach außen hin von der Sonne fort. Da diese Ionen in der Regel bereits eine Eigenbewegung haben, fliegen sie nicht in einer geraden Linie in den Jets selber nach außen fort, sondern nehmen eine sich nach außen bewegende Spiralbahn rings um den Jet an. Dabei drehen sich die negativ geladenen Ionen in einer Spirale, deren Spiralen-Drehrichtung der Spirale der positiv geladenen Ionen entgegengesetzt ist.

Im Yoga finden sich diese beiden Spiralen als die beiden „Lebenskraft-Kanäle" Ida und Pingala wieder. Da diese Spiralbewegungen auf den

Zeichnungen (in den Yoga-Schriften) nur zweidimensional wiedergegeben werden können, erscheinen sie als zwei symmetrische Schlangenlinien (wie auch auf dem Hermesstab). In Ida und Pingala findet sich das innere Frauenbild und das innere Männerbild, was der entgegensetzten Ladung der Ionen in den beiden Spiralen entspricht. In dem zentralen „Lebenskraft-Kanal", der im Yoga „Sushumna" genannt wird, befindet sich das geschlechtsunabhängige Selbstbild des Menschen.

In der Sonne gibt es eine Konvektionsströmung: Im Zentrum wird die Materie durch die Kernfusion, die dort stattfindet, erhitzt, steigt wie der Wasserstrahl eines Springbrunnens nach oben, breitet sich wie die Fontaine eines Springbrunnens an der Oberfläche aus, kühlt dort ab und sinkt dann wie die Tropfen eines Springbrunnens wieder nach unten.

Im Lebenskraftkörper gibt es ebenfalls eine Konvektionsströmung: Vom Wurzelchakra aus steigt die Lebenskraft wie der Wasserstrahl eines Springbrunnens nach oben („erwachte Kundalini"), breitet sich wie die Fontaine eines Springbrunnens an der Oberfläche aus (Oberfläche der Aura) und sinkt dann wie die Tropfen eines Springbrunnens wieder nach unten zurück zu dem Wurzelchakra.

Die Ähnlichkeit zwischen den beiden Systemen wird noch deutlicher, wenn man sie graphisch darstellt:

Übersicht 8:   Das Sonnensystem und das Chakrensystem

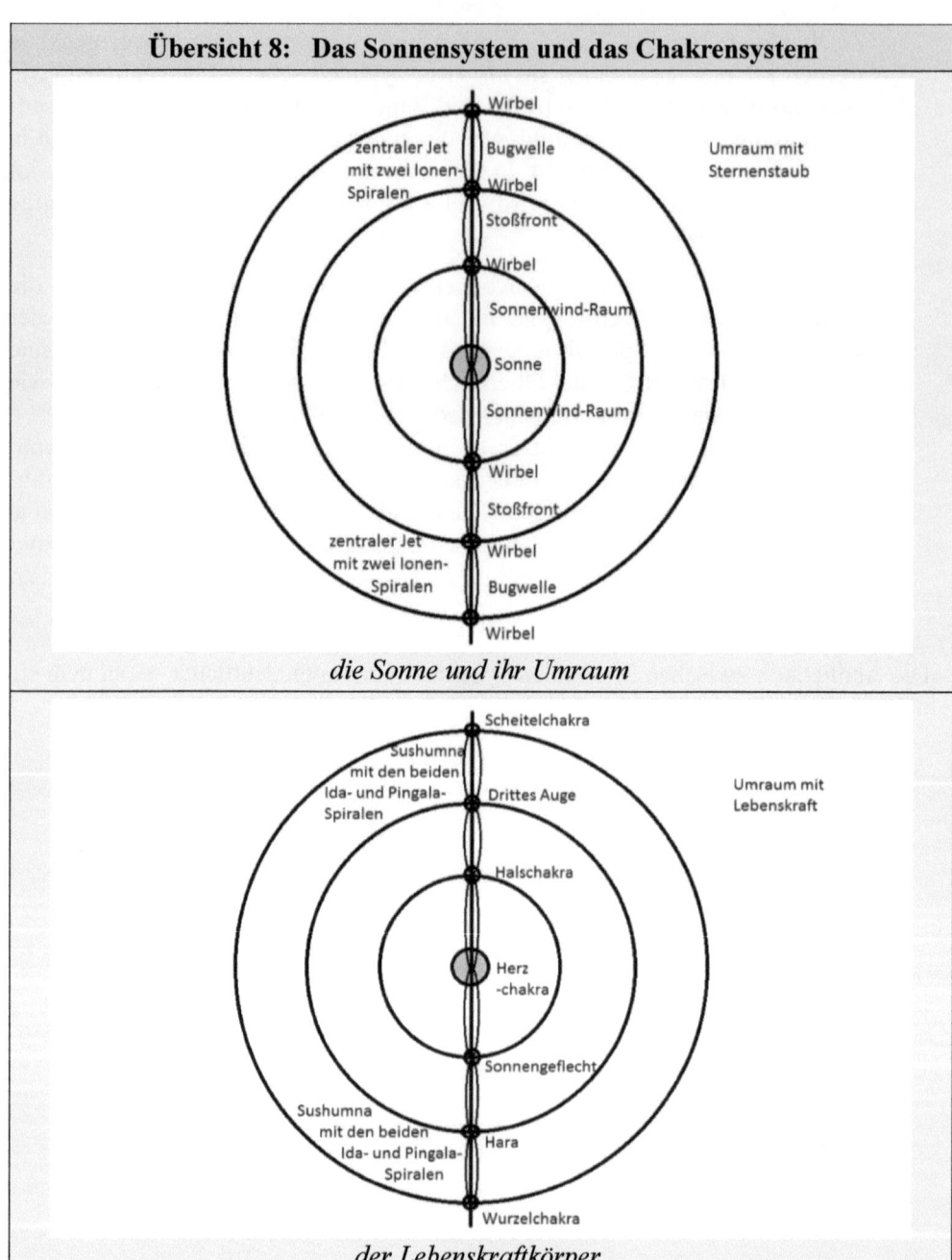

die Sonne und ihr Umraum

der Lebenskraftkörper

Die 'Phase 1' entspricht dem ungehinderten Strahlen des Sonnenwindes. Dieser Bereich ist vollständig von der Sonne bzw. dem Herzchakra („Sonnenchakra") geprägt.

Die 'Phase 2' entspricht der Stoßfront, an der sich Innen (Sonnenwind) und Außen (Sternenstaub) treffen.

Die 'Phase 3' entspricht der Bugwelle, die eine Impulswelle ist, die sich von der Stoßfront aus in den Umraum hinein bewegt.

Zusammenfassung

Phase 1: vollständige Prägung = innen-bestimmt
Phase 2: teilweise Prägung = innen- und außen-bestimmt
Phase 3: teilweise Prägung = Innen-Einfluß im Außen-Bereich

=> Das Ausmaß der Prägung nimmt von innen ('Phase 1') nach außen ('Phase 3') hin ab.

Psychologie

II 1. d)   Unterbewußtsein, Wachbewußtsein und Ekstase

In der Psyche gibt es die vier Bewußtseinszustände, die der Herzchakra-Quelle und den drei Phasen entsprechen:

Quelle: das Tiefschlaf-Bewußtsein, das völlig unabhängig von seinen Inhalten existiert

Phase 1:   das Unterbewußtsein, in dem alle Inhalte gleichberechtigt sind und daher ein vollständiges Bild sind

Phase 2:   das Wachbewußtsein, in dem sich die für die augenblickliche Situation wichtigen Inhalte befinden

Phase 3:   das Ekstase-Bewußtsein, in dem sich nur der eine wichtigste Inhalt befindet

Zusammenfassung

Quelle: ohne Inhalte
Phase 1:   alle Inhalte
Phase 2:   die für die augenblickliche Situation wichtigen Inhalte
Phase 3:   nur ein Inhalt

=>   Hier findet eine Entwicklung von dem Bewußtsein selber über alle Inhalte, einige Inhalte zu einem Inhalt statt – also eine zunehmende Ausrichtung auf die Sache im Außen, die gerade am wichtigsten ist.

II 1. e)   Fülle, Kraft, Selbstliebe

In den drei ersten Entwicklungsphasen entstehen drei grundlegende Eigenschaften im Menschen, die dann im späteren Leben weiterentwickelt werden:

orale Phase (0-1 Jahr): Fülle, Geborgenheit, Urvertrauen = „Ja"
anale Phase (1-3 Jahre): Kraft, Unterscheidung, Klarheit = „Nein!"
phallische Phase (3-12 Jahre): Selbstliebe = „Ich!!!"

In der oralen Phase ist man eins mit allem (vor allem mit der Mutter). Es wird nicht zwischen Innen und Außen unterschieden – ein umfassendes „Ja".
In der analen Phase wird zwischen Angenehmem und Unangenehmen unterschieden und die Welt dadurch strukturiert, wobei Rhythmen entstehen – das Kleinkind lernt das Wort „Nein!".
In der phallischen Phase wird mithilfe des „Ja" und des „Nein!" schließlich das „Ich!!!" gefunden.

Da dies eine Entwicklung ist, die von außen nach innen verläuft, entspricht das „Ja" der oralen Phase der 'Phase 3' (Wurzelchakra und Scheitelchakra), das „Nein!" der analen Phase der 'Phase 2' (Hara und Drittes Auge) und das „Ich!!!" der phallischen Phase der 'Phase 1' (Sonnengeflecht und Halschakra).
Diese Dynamik wird später noch genauer beschrieben.

Zusammenfassung

Phase 1:   ein hemmungsloses Ja zu sich selber und ein heftiges Nein zu allen Hindernissen, d.h. ein uneingeschränktes „Ich!!!" → Selbstliebe

Phase 2:   ein Unterscheiden zwischen „angenehm" (Ja) und „unangenehm" (Nein), wobei das strukturierende „Nein!" die neue Errungenschaft ist → Kraft

Phase 3:   ein zustimmendes „Ja" → Fülle

=> Hier entsteht eine zunehmende Strukturierung und Ausrichtung.

II 1. f) Assoziation, Analogie, Zentrierung

Die drei eben beschriebenen Phasen haben drei verschiedene Strukturierungs-Prinzipien:

- orale Phase: Assoziation (ähnliche Dinge verbinden sich)
- anale Phase: Analogie (Dinge mit gleicher Struktur entsprechen sich)
- phallische Phase: Zentrierung (alles wird auf die Mitte hin ausgerichtet)

Diese drei Prinzipien werden später noch genauer beschrieben.

Zusammenfassung

Phase 1:   Zentrierung = „Ich!!!"
Phase 2:   Analogie = „Nein!"
Phase 3:   Assoziation = „Ja"

=> Hier kann man ein Zugehen auf die Welt sehen.

II 1. g)   Vorfreude, Freude und Genießen

Zu den drei Phasen gehören drei verschiedene Grundgefühle:

Phase 1:   die Vorfreude auf das, was man erschaffen und erleben wird, ist der Antrieb dafür, überhaupt irgendetwas zu tun

Phase 2:   die Freude über das, was gerade konkret entsteht, ist sozusagen die konkretisierte Vorfreude

Phase 3:   das Genießen dessen, was man erreicht hat, ist die Konkretisierung der Freude

---

Zusammenfassung

Phase 1: Vorfreude
Phase 2: Freude
Phase 3: Genießen

=> Hier ist eine zunehmende Konkretisierung zu beobachten.

Geschichte

II 1. h)   Geschichte

Die drei ersten Phasen der psychischen Entwicklung des einzelnen Menschen finden sich auch in der Geschichte der Menschheit wieder. Wie bei Entwicklung der Psyche haben die historischen Phasen hier die umgekehrte Reihenfolge (das wird später noch genauer dargestellt).

Phase 1:   Die Menschen lebten im Königtum in einem zentral gelenkten System, in dem der König dem „Ich!!!" des einzelnen Menschen entspricht. Das Weltbild war die Philosophie, in der alle Dinge von einer ersten Ursache (eine Entsprechung zum „Ich!!!") abgeleitet werden.

Phase 2:   Die Menschen lebten in der Jungsteinzeit auf den „Inseln der Kultur" im „Meer der Natur". Sie gestalteten ihre Umwelt durch den Bau von

Dörfern, den Ackerbau und die Viehzucht. Diese Tätigkeit wurde durch den Korngott („Ja") symbolisiert, dessen Bruder und Feind der Wildnisgott gewesen ist („Nein!"). Das Weltbild bestand aus Gleichnissen (Analogien), die in ihrer Gesamtheit die Mythologie gebildet haben.

Phase 3: Die Menschen lebten in der Altsteinzeit als Teil der Natur in der Natur. Sie haben ein einfaches, auf Assoziationen beruhende Weltbild mit der Mutter im Zentrum.

Zusammenfassung

Phase 1: Königtum, Zentrierung
Phase 2: Jungsteinzeit, Analogien
Phase 3: Altsteinzeit, Assoziationen

=> Hier findet sich eine zunehmende Verbindung mit der Welt.

Wirtschaft

II 1. i)   Die Dynamik eines Unternehmens

Jedes Unternehmen und in eingeschränktem Maße auch jede einzelne Unternehmung weist drei Phasen auf:

Quelle: Zunächst einmal muß es jemanden geben, der etwas tun will.

Phase 1: In dieser Phase wird mit aller Kraft, mit ganzem Einsatz, großer Begeisterung und vielen Überstunden das Projekt in Gang gebracht.

Phase 2: In dieser Phase wird das Projekt strukturiert, in eine Fassung gebracht, die Abläufe optimiert und das Verhalten in ihm durch Regeln festgelegt sowie die Arbeitszeit auf ein für die Dauer durchführbares Maß reduziert.

Phase 3: Schließlich muß eine Flexibilität entstehen, die auf jede veränderte Situation eingeht und auf diese Weise zu einem lebendigen Rhythmus findet, der mal mehr, mal weniger Arbeit erfordert.

Zusammenfassung

Phase 1: Gründung mit sehr viel Elan
Phase 2: Erschaffung einer tragfähigen Struktur
Phase 3: Anpassung an die augenblickliche Situation

=> Dieser Prozeß ist die Erschaffung eine sozialen Organismus.

Alltag

II 1. j)   Das Versenden eines Briefes

Auch ganz einfache Vorgänge wie das Versenden eines Briefes weisen diese drei Phasen auf:

Phase 1:   Der Brief muß genügend Kraft haben – er muß ausreichend frankiert werden.

Phase 2:   Der Brief muß die passende Struktur haben – er muß richtig adressiert werden.

Phase 3:   Der Brief muß geerdet werden – er muß in den Briefkasten eingeworfen werden.

Zusammenfassung

Phase 1: ausreichend Porto
Phase 2: richtige Adresse
Phase 3: Brief einwerfen

=> Dies ist ein Konkretisierungs-Prozeß.

II 1. k) Das Komponieren eines Liedes

Man kann auf viele Weisen ein Lied komponieren. Von dem Vorgehen beim Komponieren hängt der Charakter des dabei entstehenden Liedes ab. Die Frage ist dabei, was am Anfang steht:

Quelle: ein wichtiges Thema (Identität)
Phase 1: eine Melodie (Gefühl)
Phase 2: ein Text (Verstand)
Phase 3: eine Improvisation (Erleben)

Wenn man erst einen Text schreibt und dann Melodie dazu sucht, wird das Lied tendenziell Kopf-orientiert sein.

Findet man erst Melodie und fügt dann einen Text hinzu, wird das Lied eher gefühls-orientiert sein.

Hat man das Bedürfnis, etwas Wesentliches auszudrücken und sucht dann nach einer Melodie, die diesem Wesentlichen entspricht, und fügt dann passende Worte in diese Melodie ein, wird das Lied sehr lebendig sein.

Es können natürlich auf jede Art gute Lieder entstehen – und es gibt ja auch noch Mischformen, also z.B. die Möglichkcit, daß am Anfang cin Text stand, der ein Grundgefühl des Komponisten ausgedrückt hat, der dann eine Melodie gefunden hat und den Text dann umgeschrieben und an die Melodie angepaßt hat.

Zusammenfassung
Quelle: etwas Wesentliches Phase 1: Melodie Phase 2: Text Phase 3: Singen => Auch dies ist ein Konkretisierungs-Prozeß.

II 1. l)   Tierkreis: kardinal, fix und beweglich

Die zwölf Zeichen des Tierkreises bestehen aus je drei Dynamiken der vier Elemente. Die Elemente sind Feuer, Wasser, Luft und Erde; die drei Dynamiken sind kardinal, fix und beweglich. Diese drei Dynamiken sind ein weiterer Dreischritt.

Phase 1:   kardinal = etwas gründen, erschaffen, beginnen

Phase 2:   fix = etwas strukturieren, wachsen lassen, organisieren

Phase 3:   beweglich = auf die aktuellen Umstände eingehen

Diese 3 mal vier Elemente entsprechen den vier Grundbausteinen der Welt, die in vier Größen vorkommen:

die 12 grundlegenden Elementarteilchen und die Tierkreiszeichen			
	1. Familie normale Teilchen; erschaffende Tierkreiszeichen	**2. Familie** schwere Teilchen; gestaltende Tierkreiszeichen	**3. Familie** sehr schwere Teilchen; bewegende Tierkreiszeichen
Quarks	„up"-Quark	„charm"-Quark	„truth"-Quark
Feuer	Widder	Löwe	Schütze
Quarks	„down"-Quark	„strange"-Quark	„beauty"-Quark
Wasser	Krebs	Skorpion	Fische
Leptonen	Elektron	Myon	Tauon
Luft	Waage	Wassermann	Zwillinge
Neutrinos	Elektron-Neutrino	Myon-Neutrino	Tauon-Neutrino
Erde	Steinbock	Stier	Jungfrau

II 1. m)   Konjunktion, Opposition und Trigon

Diese drei Qualitäten entsprechen auch drei astrologischen Aspekten, also drei der möglichen Winkel zwischen den Planeten in einem Horoskop.

Phase 1:   Konjunktion (0°) = Einheit, eine Richtung, stets gemeinsam
=> ein 0°-Schritt führt zum Anfangs-Ort zurück = „1"

Phase 2:   Opposition (180°) = Gegensatz-Ergänzungen bilden Strukturen
=> zwei 180°-Schritte führen zum Anfangs-Ort zurück = „2"

Phase 3:   Trigon (120°) = zwei Planeten werden in Kooperation verbunden
=> drei 180°-Schritte führen zum Anfangs-Ort zurück = „3"

II 1. n) Bewußtsein, Materie und der Übergang dazwischen

Der grundlegendste Dreischritt in der Magie ist die Innenseite der Welt (Bewußtsein), die Außenseite der Welt (Materie) und der Übergang zwischen beidem (Magie).

Zusammenfassung

Phase 1: Bewußtsein
Phase 2: Magie
Phase 3: Materie

=> Dies ist ein Schöpfungs-Vorgang.

II 1. o) Konzentration, Analogie und Genießen

Im subjektiven Erleben erscheint der Dreischritt in der Magie als die hemmungslose Konzentration auf ein Ziel, als die Benutzung von Analogien und schließlich als das Erden bzw. Genießen.

Zusammenfassung

Phase 1: Konzentration
Phase 2: Analogie
Phase 3: Erden durch Genießen

=> Dies ist eine magische Handlung.

II 1. p) Zusammenfassung: die drei Phasen

Nun können die Ergebnisse der bisherigen Betrachtungen miteinander kombiniert werden, um auf diese Weise eine schärfe Kontur der drei Phasen zu erhalten.

Phase 1

In der Phase 1 ist alles miteinander verbunden und wirkt uneingeschränkt und hemmungslos. Daher ist dieser Zustand einheitlich und stabil. In diesem Bewußtsein stehen alle Inhalte gleichberechtigt nebeneinander – alles ist sichtbar und alles wirkt.

Alles ist ein Teil des Ichs, alles ist von Selbstliebe erfüllt und auf seinen Ursprung in der eigenen Seele im Herzchakra bezogen – ein vollkommener Ausdruck der Seele. Dieser Bereich ist vollkommen Innen-bestimmt und vollkommen unabhängig vom Außen. Er ist Seelen-zentriert.

Dieser Zustand ist schöpferisch, er ist ein Wollen, eine Konzentration, eine Vorfreude – der Zustand eines in seinem Bereich allmächtigen Königs.

Hier findet sich eine hemmungslose Selbstbejahung.

Phase 2

Die Phase 2 ist weniger stabil als die Phase 1, da sie sowohl Innen-geprägt als auch Außen-geprägt ist. Hier werden die aus der Seele kommenden Impulse (Phase 1) anhand der Möglichkeiten in der Welt konkretisiert – weshalb sich diese Konkretisierungen auch immer wieder einmal ändern können.

In diesem Zustand werden Inhalte ausgewählt, die in das Bewußtsein aufgenommen werden – diejenigen, die für die augenblickliche Situation von Bedeutung sind.

Man nimmt an und lehnt ab, man sagt „Ja" und sagt „Nein". Hier findet sich ein differenziertes Bewerten aller Dinge – und ein entsprechendes Handeln. Da es um das Umsetzen dessen geht, was man gewählt, ist „Kraft" hier der zentrale Begriff – neben der Klarheit, die man für das Erkennen der Situation benötigt.

Es werden Situationen gestaltet und tragfähige Strukturen erschaffen. Man wiederholt angenehme Dinge und bewährte Strategien. Durch den so erlangten Erfolg entsteht Freude.

Dieses kreative Gestalten erstreckt sich auch auf das Bewirken von Magie.

Phase 3

In Phase 3 wird alles auf einen einzigen Punkt hin ausgerichtet: die einsgerichtete Präsenz im Hier und Jetzt. Diese Phase ist am wenigsten stabil bzw. beständig, da sie sich stets auf den Augenblick bezieht – diese Phase ist durch eine große Beweglichkeit gekennzeichnet.

Hier hat das Bewußtsein nur einen einzigen Inhalt und kann daher den Ekstase-Zustand erreichen. Man stimmt der Situation zu und genießt den Augenblick. Dadurch ist man mit dem, was da ist, verbunden – man lebt in Fülle. Man hat Kontakt zur Welt, man ist mit ihr assoziiert, man erlebt Gemeinsamkeit.

Dabei prägt man von Innen her das, was im Außen ist, mit.

Entwicklung

Die Identität entfaltet sich in drei Phasen, die unterschiedliche Qualitäten haben. Dabei ist die erste Phase der hemmungslosen Selbstliebe stets der Rückhalt – und die Phase 1 ruht wiederum in der Identität, die einfach ist, was sie ist.

Der Weg von Innen nach Außen beginnt mit einer vollkommenen Selbstbezogenheit (Phase 1) und entwickelt sich über die Begegnung von Innen und Außen (Phase 2) zu einer vollkommenen Präsenz in der Welt (Phase 3). Daher ist die Phase 1 immer gleich (da sie sich auf die Identität bezieht), während sich die Phase 2 allmählich entsprechend dem Kennenlernen der Welt und der Möglichkeiten, die sie gerade biete, weiterentwickelt. In der Phase 3 findet sich schließlich das Erleben der Welt, also eine ausgeprägte Welt-Bezogenheit und somit ein ständiger Wandel.

Die Phase 1 enthält alle Inhalte des Bewußtseins, die Phase 2 die, die im Augenblick relevant sind und die Phase 3 nur einen einzigen Inhalt: das augenblickliche Erleben. Das kann man als eine zunehmende Einschränkung der Aufmerksamkeit auf ein einziges Ding im Außen auffassen. Dabei entstehen zunehmend Struktur, Ausrichtung, Konkretisierung, Nähe zur Welt, und das Erleben des Außen.

Dieser Prozeß erschafft einen Raum, in dem man sich bewegt, sowie soziale Organismen, an denen man teilhat.

Dies ist ein Schöpfungvorgang, eine magische Handlung.

II 2.   Der zweipolare Dreischritt

Der im vorigen Kapitel als „Phase 1/2/3" beschriebene Dreischritt hat in manchen Fällen zwei Pole, d.h. er tritt zweifach auf. Hier ist offenbar die Zwei-Polarität der elektromagnetischen Kraft bzw. des astrologischen Oppositions-Aspektes mit dem Dreischritt kombiniert worden.

Diese beiden Pole bei dem Dreischritt finden sich auch in einigen anderen Systemen und Symbolen, die im Folgenden beschrieben werden.

II 2. a)   Das Chakren-System

Das bekannte zweipolige Dreischritt ist das Chakrensystem, in dem die Dreischritt-Dynamik sowohl nach unten hin (Sonnengeflecht – Hara – Wurzelchakra) als auch nach oben hin (Halschakra – Drittes Auge – Scheitelchakra) auftritt.

II 2. b)   Der Sonnen-Umraum

Der zweite wichtige zweipolige Dreischritt ist der Umraum der Sonne, der sich (wie bereits dargestellt) in den inneren Bereich des Sonnenwindes (Phase 1), in den mittleren Bereich der Stoßfront (Phase 2) und in den äußeren Bereich der Bugwelle (Phase 3) unterteilt. Der Sonnenwind-Bereich ist ein kugelförmiger Raum rings um die Sonne; die Stoßfront und die Bugwelle sind kugeloberflächenförmige Bereiche rings um den Sonnenwind-Bereich.

Die beiden elektromagnetischen Jets (gebündelte Strahlen), die aus dem Nord- und dem Südpol der Sonne in den Weltraum hinausreichen, durchqueren die drei Bereiche rings um die Sonne in entgegengesetzter Richtung. Die beiden Jets bilden zusammen mit den drei Bereichen rings um die Sonne somit zwei Dreischritte.

II 2. c)   Der Vajra

Diese Struktur findet sich auch in einem indisch-tibetischen Symbol: dem Vajra. Dieses Symbol reicht bis in die mittlere Jungsteinzeit in Mesopotamien zurück.

Es hat ein Kugel-Zentrum, das sich symmetrisch nach entgegengesetzten Richtungen hin ausdehnt (Sonne, Herzchakra).

Die erste Ausdehnung sind die beiden Lotusblüten (Sonnenwind-Raum, Sonnengeflecht/Halschakra).

Die neu entstehende Form sind die jeweils vier Elefantenköpfe, die aus dem Lotus hervorkommen (Stoßfront, Hara/ Drittes Auge).

Die Berührung wird durch das Zusammentreffen der vier Elefantenrüssel ganz außen dargestellt (Bugwelle, Wurzelchakra/ Scheitelchakra). Die beiden Stäbe in der Mitte der jeweils vier Elefantenköpfe entsprechen den beiden Jets der Sonne und der Sushumna.

Ursprünglich ist das Vajra bei den Indogermanen und bei den jungsteinzeitlichen Völkern in Mesopotamien ein Symbol des Blitzes gewesen. Es ist auch von den Zauberstäben der germanischen Seherinnen, von den Hethitern und von den Sumerern und Babyloniern bekannt.

- - -

Aus der Analogie zwischen dem Chakrensystem und dem Sonnensystem ergeben sich zwei wichtige Schlußfolgerungen:

    - Im Zentrum des Umraums der Sonne ist die Sonne, also muß auch im Zentrum des Chakrensystems eine „Sonne" sein – das ist die Seele.

Die Sonne ist die Ursache des dreifach gegliederten Umraumes der Sonne (Sonnenwindes, Stoßfront, Bugwelle) – ohne die Sonne würde diese Struktur gar nicht existieren. Also muß per Analogieschluß auch im Herzchakra eine solche „Sonne" sein – eben die Seele.

- Das Sonnensystem und auch das Chakrensystem sind von ihrer Struktur her eine Expansion von einem Zentrum aus, das in drei Schritten zu einer Konkretisierung führt.

Da das Chakrensystem die grundlegende Struktur der Psyche und somit des Bewußtseins des Menschen ist, ergibt sich aus dieser Dynamik des Strahlens, der Ausdehnung und des Selbstausdrucks, daß eben dieser Expansionsdrang auch die Grunddynamik der Seele ist.

II 2. d) Zusammenfassung: der zweipolare Dreischritt

Der Dreischritt erscheint in einem System zweimal in entgegengesetzter Richtung, wenn in diesem System eine zweipolare Kraft wirkt.

Möglicherweise ist dieser Aufbau weiter verbreitet als die beiden hier angeführten Systeme und das eine Symbol vermuten lassen, da sowohl das Chakrensystem als auch der Aufbau des Sonnen-Umraums zwei sehr grundlegende Systeme sind.

II 3. Die Erweiterung zum Fünfschritt

Bei einigen der bereits besprochenen Beispiele für Dreischritte ist bereits die Quelle des Dreischritts und auch das Außen, also der Zielort des Dreischritts genannt worden. Diese beiden Elemente sind stets zusätzlich zu dem Dreischritt vorhanden.

II 3. a) Die Chakren

Die Quelle des Dreischritts im Chakrensystem ist das Herzchakra. Die Identität in ihm ist das, was sich mithilfe des Dreischritts ausdrückt. Diese Quelle ist reines Bewußtsein ohne einen Inhalt.

Das Außen ist im Chakrensystem der Körper und die ganze materielle Welt. Sie ist die Außenseite des Bewußtseins, so wie das Bewußtsein die Innenseite der materiellen Welt ist.

An der Stelle, an der sich Bewußtsein und materielle Welt berühren, befindet sich Bewußtsein mit Bewußtseinsinhalten.

Das Bewußtsein, der Berührungs-Bereich und die Materie bilden den grundlegenden Dreischritt in der Welt.

Dieser „Begegnungs-Bereich" läßt sich wieder in den Dreischritt aufteilen, wodurch dann insgesamt fünf Schritte entstehen:

die Entstehung des Fünfschritts		
1. Schritt	*2. Schritt*	*3. Schritt*
Welt	Bewußtsein	Bewußtsein (ohne Inhalt)
	Begegnungs-Bereich (Bewußtsein mit Inhalten)	Phase 1 (Bewußtsein mit allen Inhalten)
		Phase 2 (Bewußtsein mit einigen Inhalten)
		Phase 3 (Bewußtsein mit einem Inhalt)
	Materie	Materie

II 3. b) Tiefschlaf, Unterbewußtsein, Wachbewußtsein, Ekstase, Materie

Diese fünf Bereiche finden sich im Menschen wieder:

die Arten des Bewußtseins	
Bewußtsein	*Inhalte*
Tiefschlaf-Bewußtsein (Stille)	nur Bewußtsein (ohne Inhalte)
Unterbewußtsein	Bewußtsein mit allen Inhalten
Wachbewußtsein	Bewußtsein mit einigen Inhalten
Ekstase	Bewußtsein mit einem Inhalt
(Körper)	(nur Körper – ohne Bewußtsein)

II 3. c) Energie, Materie und „Schwarzes Loch"-Substanz

Die Welt besteht grundlegend betrachtet aus vier Dingen: die Raumzeit, die Energie, die Materie und der „Substanz" der Schwarzen Löcher.

Die Grundlage von allem ist die <u>Raumzeit</u> – in ihr spielt sich alles ab. Sowohl die Zeit als auch der Raum sind abgrenzungslos.

Die Raumzeit entspricht dem Herzchakra, dem <u>Tiefschlaf-Bewußtsein</u> und dem „Haus", in dem sich das Archiv des Unterbewußtseins, das Büro des Wachbewußtseins und die Schreibtischlampe des Ekstase-Zustandes befinden.

Das erste, was in der Welt entstanden ist, ist die <u>Energie</u>. Sie breitet sich ungehindert und endlos in alle Richtungen hin mit Lichtgeschwindigkeit aus – sofern sie nicht auf Materie trifft.

Die Energie entspricht der 'Phase 1', die durch den hemmungslosen und uneingeschränkten Selbstausdruck geprägt ist.

Diese Phase war extrem kurz: Sie dauerte vom Urknall an nur 10^{-30} Sekunden. In dieser Zeit hat sich das Weltall mit 10^{50}-facher Lichtgeschwindigkeit ausgedehnt („inflationäres Weltall").

Das zweite, was in der Welt entstanden ist, ist die <u>Materie</u>. Sie ist begrenzt („fest") und bewegt sich langsamer als die Lichtgeschwindigkeit („c"). Das

Verhältnis zwischen Energie und Materie wird durch Einsteins berühmte Formel „E=mc^2" beschrieben. Wenn sich Energie in Materie verwandelt, wird sie um den Faktor „c^2" kleiner, d.h. sie wird kondensiert, sie kapselt sich ab und verliert dabei die Möglichkeit, sich mit Lichtgeschwindigkeit zu bewegen.

Die Materie scheint zunächst einmal der 'Phase 2' zu entsprechen, die durch das Entstehen von festen Formen gekennzeichnet ist, durch Abgrenzungen, Verbindungen und Gegensätzen.

Die „Zeit der Materie", in der es noch keine Schwarzen Löcher gab, besteht jedoch aus zwei sehr verschiedenen Abschnitten, die sich durch das Verhalten des Lichtes unterscheiden:

> In dem ersten Abschnitt, der nach der Phase 1 immerhin 10.000 Jahre lang gedauert hat, war das nun nur noch mit Lichtgeschwindigkeit wachsende Weltall noch so klein, daß die Energie und die Materie in ihr so dicht war, daß das Weltall wie eine einzige riesige Sonne gewesen ist.
>
> Durch die hohe Dichte und den hohen Druck im Weltall zu dieser Zeit waren alle Dinge in ihm gleichmäßig verteilt, gleich weit voneinander entfernt, gleich heiß, gleich hell usw. Den Zustand, in dem damals die Protonen, Neutronen, Elektronen, Neutrinos und Energiequanten gewesen sind, wird „thermisches Gleichgewicht" genannt.
>
> In diesem ersten Abschnitt ist das gesamte Weltall noch eine Einheit gewesen. Er entspricht der Phase 2.
>
> Der zweite Abschnitt begann 10.000 Jahre nach dem Urknall. Nun war das Weltall so groß, daß sich Unterschiede in der Dichte, in der Hitze und in der Helligkeit bilden konnten: Das „thermische Ungleichgewicht" entstand.
>
> Zu derselben Zeit bildeten sich die ersten Atome mit Elektronenhülle, was ein Vorgang ist, der zwar symbolisch zu dem Ende des thermischen Gleichgewichtes paßt, aber physikalisch gesehen unabhängig von ihm ist.
>
> In diesem zweiten Abschnitt ist das gesamte Weltall keine Einheit mehr, sondern besteht aus einzelnen, unabhängigen Einheiten: Atomen, Ansammlungen von Atomen bis hin zur Bildung von Galaxien, Sonnen, Planeten und Monden. Dieser Abschnitt entspricht der Phase 3.

Das dritte, was in der Welt entstanden ist, sind die Schwarzen Löcher. Sie sind ursprünglich sehr große Sterne gewesen, die daher auch sehr schwer gewesen sind und eine sehr große Gravitation („Schwerkraft") gehabt haben. Diese Sterne, die sich in der Mitte von Galaxien befinden, haben immer weiter andere Sterne angezogen und „geschluckt", bis sie und ihre Gravitation schließlich so groß geworden sind, daß ihre gesamte Masse auf einen Punkt zusammengeschrumpft ist und nicht einmal mehr das Licht von ihnen fortfliegen konnte – weshalb sie von außen her betrachtet als „schwarz" erscheinen.

Auch hier findet wie bei der Kondensierung der Energie zu Materie ein Kondensations-Vorgang statt, bei dem die Materie zu „Schwarzes Loch-Substanz" („x") zu einem einzigen Punkt zusammengezogen wird. Auch hier geht die Lichtgeschwindigkeit („c") verloren: Das Licht kann nicht mehr von dem Schwarzen Loch fortfliegen. Beide Vorgänge haben dieselbe Dynamik:

Energie => Materie: „$E=mc^2$"
Materie => Schwarzes Loch-Substanz („x") „$m=xc^2$"

Daraus ergibt sich, daß bei der Verwandlung von Materie in „Schwarzes-Loch-Substanz" der Verwandlungs-Faktor „c^4" lauten muß ($c^2 \cdot c^2 = c^4$). Dieses „c^4" ist daher auch das zentrale Element in den Formeln, mit denen die Eigenschaften der Schwarzen Löcher beschrieben werden.

Die „Schwarzes Loch-Substanz" entspricht dem '<u>Außen</u>', der Welt, dem „Nicht-Bewußtsein".

Der Urknall, bei dem die Raumzeit und anschließend aus ihr die Energie entsteht, entspricht dem Übergang von dem Herzchakra zu dem Sonnengeflecht (Wunschbaum-Zwischenchakra) und zu dem Halschakra (Thymus-Zwischenchakra).

Das Herzchakra selber entspricht der „Singularität", also dem Zustand vor dem Urknall, in dem es nur ein einziges „Etwas" gegeben hat, das die gesamt Welt enthalten hat.

Die beiden Übergänge zwischen Phase 1 und 2, zwischen Phase 2 und 3 sowie zwischen Phase 3 und Außen finden nur bei einer bestimmten Dichte statt:

Die Materie hat sich nur in den ersten 10.000 Jahren nach dem Urknall gebildet, als die Energie-Dichte dafür noch ausreichend groß gewesen ist.
=> Dieser Vorgang begann am Anfang (Urknall) und hat also eine zeitliche Grenze an seinem Ende.

Die Atome haben sich erst gebildet, nachdem die Dichte im Weltall nach 10.000 Jahren so klein geworden war, daß Ort unterschiedlicher Dichte, Hitze und Helligkeit entstehen konnten.
=> Dieser Vorgang begann, nachdem die erste Phase geendet ist und setzt

sich bis heute in allen Sternen fort, in denen aus leichten Atome schwere Atome gebildet werden. Dieser Vorgang hat gleich nach dem Ende des thermischen Gleichgewichts als allgemeiner Vorgang überall in dem damals noch fast homogenen Weltall begonnen und sich dann jedoch immer mehr vereinzelt und findet heute nur im Inneren der Sonnen statt, die in ihrem Inneren in etwa denselben Zustand haben wie das gesamte Weltall vor dem Ende des thermischen Gleichgewichts.

Die Schwarzen Löcher können sich nur im Zentrum einer Galaxie bilden, wo die Materie-Dichte groß genug ist.

=> Dieser Vorgang kann sich erst ereignen, wenn im Zentrum einer Galaxie eine ausreichende Materie-Dichte erreicht worden ist.

Zusammenfassung

Quelle: Singularität (Einheit) vor dem Urknall

1. Übergang: inflationäres Weltall (Ausdehnung mit der 10^{50}-fachen Lichtgeschwindigkeit)

Phase 1: Energie dehnt sich ungehindert mit Lichtgeschwindigkeit aus.

1. Übergang: Bildung von Materie (Quarks und Elektronen)

Phase 2: Die Materie ist fest und bewegt sich langsamer als das Licht. Sie befindet sich in einem thermischen Gleichgewicht: Das Weltall ist überall gleich dicht, heiß und hell.

2. Übergang: Ende des thermischen Gleichgewichts und Bildung von Atomen mit Elektronenhüllen

Phase 3: Die Materie ist fest und bewegt sich langsamer als das Licht. Sie befindet sich nicht mehr in einem thermischen Gleichgewicht: Das Weltall ist verschieden dicht, heiß und hell, d.h. es gibt Sonnen, Planeten, Monde, Lichtstrahlen, verschiedene Helligkeiten, leeren Raum usw.

3. Übergang: es hat sich soviel Materie angesammelt, daß sie zu einem Punkt kollabiert und zu einem Schwarzen Loch wird

<u>außen</u>: Die Substanz eines Schwarzen Loches ist punktförmig und läßt kein Licht von sich fort.

=> Von 'Phase 1' zu 'Phase 3' hin gibt es mehrere Entwicklungen:

- Die Bewegungs-Geschwindigkeit sinkt von der Lichtgeschwindigkeit über eine kleine Geschwindigkeit auf „0".
- Die Festigkeit nimmt von „formlos" über „geformt" zu „punktförmig" zu.
- Die Größe schrumpft von „Weite" über „Begrenztheit" zu „Punkt".
- Die Masse nimmt von „winzig" über „normal" bis hin zu „fast endlos" zu.

Die vier Übergänge zwischen dem Anfang (Singularität), den drei Zuständen und dem Ende (Schwarzes Loch) sind Kondensations-Vorgänge, an denen sich vorher vorhandene Eigenschaften abkapseln:

Der erste Übergang (Singularität → Phase 1) ist der Urknall: Die Einheit vor der Vielfalt der Welt (Singularität) beginnt sich zu differenzieren und auszudehnen.
=> *Auf die Chakren übertragen bedeutet dies, daß die Seele im Herzchakra (die „Singularität" im Menschen) aus sich heraus einen Körper erschafft und sich inkarniert (sozusagen der „menschliche Urknall").*

Das Herzchakra strahlt durch den Wunschbaum ins Sonnengeflecht hinein und durch das Thymus-Zwischenchakra in das Halschakra hinein.

Der zweite Übergang (Phase 1 → Phase 2) kann nur innerhalb der ersten 10.000 Jahre nach dem Urknall in der dort vorhandenen großen Energie-Dichte stattfinden. Dieser Zustand endet also einige Zeit nach seinem Beginn.
=> *Auf die Chakren übertragen bedeutet dies, das ein Impuls im Sonnengeflecht nur bei genügend hoher Intensität über das Nabel-Zwischenchakra in das Hara hinein wirkt und auch ein Impuls im Halschakra nur bei genügend hoher Intensität durch das Gaumen-Zwischenchakra in das Dritte Auge hinein wirkt.*

Die Verwandlung eines allgemeinen Wunsches in einen konkreten Wunsch geschieht also nur bei ausreichender Intensität des allgemeinen Wunsches.

Am dritten Übergang (Phase 2 → Phase 3) entsteht eine unterschiedliche Verteilung des Lichtes im Weltall.

> *=> Auf die Chakren übertragen bedeutet dies, daß es hier wechselhafte Vorgänge gibt, d.h. einen Wechsel von Ereignis und Ruhe, einen Wechsel zwischen verschiedenen Zuständen und somit einen Rhythmus.*
>
> *Die Impulse aus dem Hara gelangen durch das Schamhaar-Zwischenchakra nur ab und zu bis in das Wurzelchakra und ebenso auch nur ab und zu von dem Dritten Auge durch das Haupthaar-Zwischenchakra bis in das Scheitelchakra.*

Der vierte Übergang (Phase 3 → Außen) kann nur stattfinden, wenn in einem Galaxie-Zentrum eine ausreichende Materie-Dichte vorhanden ist. Dieser Zustand muß erst einmal erreicht werden.

> *=> Auf die Chakren übertragen bedeutet dies, daß die Impulse im Wurzelchakra und im Scheitelchakra nur dann eine Wirkung im Außen haben, wenn ihre Intensität groß genug ist.*
>
> *Die beiden Zwischenchakra, die oben und unten vom Menschen zur Erde bzw. zum Himmel führen, werden „Tor des Erde" oder „Tor des Feuers" bzw. „Tor des Himmels" oder „Tor des Lichts" genannt.*

II 3. d) Übung der Mittleren Säule

Die „Übung der Mittleren Säule" ist ein wichtiges Element vieler Meditationen und Rituale. Sie ist eine fünfteilige Säule, also eine Säule, die in „oben", „über der Mitte", „Mitte", „unter der Mitte" und „unten" unterteilt ist.

Sie besteht aus fünf Imaginationen, die den fünf Bereichen des Fünfschritts entsprechen. Sie sind jedoch allgemeiner und auf die Welt als Ganzes bezogen formuliert:

die Mittlere Säule				
Lage	*Name*	*Bereich*	*Farbe*	*Gottesname*
oben	Kether	Gott	weiß	Eheieh
über der Mitte	Da'ath	Gottheit	regenbogenfarben	Yod-Heh-Vau-He Elohim
Mitte	Tiphareth	Seele	golden	Yod-Heh-Vau-He Eloha va-Da'ath
unter der Mitte	Yesod	Psyche	violett	Schaddai el-Chai
unten	Malkuth	Körper	braun	Adonai ha-Aretz

Die „Übung der Mittleren Säule" wird wie folgt durchgeführt:

1. Einige Handbreit über dem Kopf wird Kether als gleißend weiße Kugel imaginiert und dabei der Gottesname von Kether intoniert, also auf einem gleichbleibenden Ton möglichst vollklingend und im Idealfall mit Obertönen und dem natürlichen Vibrato der Stimme gesungen: *„Eheieh"*.

2. Auf dem Scheitel, also am Sitz des Kronenchakras, wird Da'ath als in den Farben des Regenbogens strahlende Kugel imaginiert und dabei der Gottesname Da'aths intoniert: *„Yod-He-Vau-He Elohim"*.

3. In der Mitte der Brust, also am Sitz des Herzchakras, wird Tiphareth als goldgelb leuchtende Kugel imaginiert und der Gottesname Tiphareths intoniert: „Yod-He-Vau-He Eloha va-Daath".

4. Um die Genitalien herum, also am Sitz des Wurzelchakras und somit der Kundalini-Schlange, wird Yesod als violett glühende Kugel imaginiert und dabei der Gottesname Yesods intoniert: *„Schaddai el-Chai"*.

5. Unter den Füßen, also in der Erde, wird Malkuth als braune Kugel imaginiert und der Gottesname Malkuths intoniert: *„Adonai ha-Aretz"*.

Diese Übung dient, wie ihr Aufbau zeigt, dem Verstärken des eigenen Strahlens: Das Licht des Zentrums (Kether) wird durch einen Dreischritt (Da'ath, Tiphareth, Yesod) bis in den Körper (Malkuth) geholt.

II 4. Die Erweiterung zum Elfschritt

So wie man den Dreischritt durch die Differenzierung des mittleren Schrittes zu einem Fünfschritt erweitern kann, kann man die drei mittleren Schritte noch einmal dreiteilen und dadurch den Fünfschritt zu einem Elfschritt erweitern. Der Ursprung das Ergebnis lassen sich nicht weiter in kleinere Einheiten aufteilen. Die Differenzierungsfolge bezieht sich also nur auf den Übergang zwischen Bewußtsein und Materie, zwischen Innen und Außen.

vom Dreischritt zum Elfschritt		
Dreischritt	*Fünfschritt*	*Elfschritt*
1 – 1 – 1	*1 – 3 – 1*	*1 – 9 – 1*
Innen (Quelle)	Innen (Quelle)	Innen (Quelle)
Übergang 1	Übergang 1	Übergang 1.1
		Übergang 1.2
		Übergang 1.3
	Übergang 2	Übergang 2.1
		Übergang 2.2
		Übergang 2.3
	Übergang 3	Übergang 3.1
		Übergang 3.2
		Übergang 3.3
Außen	Außen	Außen

II 4. a) Der kabbalistische Lebensbaum

Dieser Aufteilung des Übergangs erst in drei Schritte und dann die Aufteilung jedes dieser drei Schritte noch einmal in je drei Unterschritte gibt es als System schon lange und wird als der kabbalistische Lebensbaum dargestellt.

Das Innen (Quelle, Einheit, Gott) ist der oberste Bereich auf dem Lebensbaum; das Außen (materielle Welt, Körper, Mensch) ist der unterste Bereich auf dem Lebens-

72

baum. Der Übergang zwischen diesen beiden besteht aus drei aufeinander folgenden Bereichen, die wiederum aus je einem Dreiecken bestehen, das je drei Unterbereiche umfaßt (2/3/D, 4/5/6 und 7/8/9).

Übersicht 7: der kabbalistische Lebensbaum					
Differenzierung			**Sephiroth**	**Planet**	**Lebensbaum**
I	*II*	*III*			
1.	1.	1.	Kether	Pluto	
		2.	Chokmah	Neptun	
	2.	3.	Binah	Uranus	
		D	Da'ath	Saturn	
		4.	Chesed	Jupiter	
2.	3.	5.	Geburah	Mars	
		6.	Tiphareth	Sonne	
		7.	Netzach	Venus	
	4.	8.	Hod	Merkur	
		9.	Yesod	Mond	
3.	5.	10.	Malkuth	Erde	

Auf dem Lebensbaum gibt es vier Übergänge, die den Zwischenchakren entsprechen. Sie erscheinen auf dem Lebensbaum als waagerechte Linien, die in der Graphik oben zur besseren Unterscheidung von den Pfaden zwischen den elf Bereichen etwas dünner gezeichnet worden sind.

- die „erste Ursache" zwischen 1 und 2/3: Hier entstehen von oben nach unten gesehen im Materie-Bereich die Energiequanten und im Bewußtseins-Bereich die Gottheiten.

- der „Abgrund" zwischen D und 4/5: Hier entstehen von oben nach unten gesehen im Materie-Bereich die Elementarteilchen und im Bewußtseins-Bereich die Seelen.

- der „Graben" zwischen 6 und 7/8: Hier entstehen von oben nach unten gesehen im Materie-Bereich die Atome und im Bewußtseins-Bereich die Psychen.

73

- die „Schwelle" zwischen 9 und 10:   Hier entstehen von oben nach unten gesehen im Materie-Bereich die Gegenstände und im Bewußtseins-Bereich die Körper.

II 4. b)   Die Superstring-Theorie

Die Superstringtheorie, die die Physiker heute benutzen, ist ein sehr komplexes Modell. Um es zu beschreiben, wird ein mathematisches Modell benötigt, das nicht nur die aus dem Alltag geläufigen drei Raum-Dimensionen und die eine Zeit-Dimension benutzt, sondern noch sieben weitere Raum-Dimensionen, die jedoch nur in Bereichen, die weit kleiner als ein Elektron sind, sichtbar werden. Eine dieser sieben zusätzlichen Dimensionen hat die Eigenschaft, daß sie die anderen zehn Dimensionen „einhüllt", also zusammenfaßt.

Dieses elfdimensionale mathematisches Modell entspricht exakt dem kabbalistischen Lebensbaum:

- Die oberste dieser elf Sphären (Kether) entspricht der Zeit-Dimension.

- Die drei Sphären unter ihr (Chokmah, Binah, Da'ath) entsprechen den drei „normalen" Raum-Dimensionen.

- Die sechs folgenden Sphären (Chesed, Geburah, Tiphareth, Netzach, Hod, Yesod) entsprechen den sechs „verborgenen" Raum-Dimensionen.

- Die unterste Sphäre (Malkuth) entspricht der „zusammenfassenden" Dimension.

Der Lebensbaum ist die differenzierteste Analogiestruktur, die bisher bekannt ist. Sie besteht aus über 40 Elementen: die 11 Sphären („Sephiroth"), den 22 Pfaden zwischen ihnen, den 3 Dreiecken, den 4 Übergängen zwischen den fünf Bereichen auf der Mittleren Säule usw.

Der kabbalistische Lebensbaum findet sich wirklich wortwörtlich in allen Dingen von dem Aufbau einer Zelle und der Evolution als Ganzes über die deutsche Verfassung und das klassische Ballett bis hin zu einem Bienenvolk oder einem Staubsauger. Diese Struktur findet sich überall – selbst im „Herzen der Physik", als die man die Superstringtheorie ein wenig poetisch bezeichnen kann.

Eine ausführliche Darstellung dieser „inneren Struktur aller Dinge" findet sich u.a. in meinen drei Büchern „Blüten des Lebensbaumes I -III".

II 5. Die beiden Richtungen des Dreischritts

Der Dreischritt ist bisher von Innen nach Außen hin betrachtet worden, aber es gibt auch die umgekehrte Richtung.

II 5. a) Entfaltung und Erkenntnis

Von Innen nach Außen hin gesehen ist der Dreischritt eine Schöpfung, eine Handlung, eine Entfaltung, eine Entwicklung, die Evolution … In der Magie ist dies die Telekinese.

Von Außen nach Innen hin gesehen ist der Dreischritt eine Wahrnehmung, eine Erkenntnis, ein Verstehen, eine Involution, ein Wiederfinden der Quelle … In der Magie ist dies die Telepathie.

Die Handlungsfähigkeit im Bereich der Lebenskraft (Telekinese) und die Wahrnehmungsfähigkeit im Bereich der Lebenskraft (Telepathie) sollten in etwa in gleichem Maße ausgebildet werden, wenn man ein Magier bzw. eine Zauberin werden will, da es sonst Schwierigkeiten geben könnte. Etwas zu tun, wenn man die Situation nicht überschaut, könnte problematisch werden – und ebenso ist der perfekte Überblick in Kombination mit einer Handlungsunfähigkeit auch nicht sonderlich erstrebenswert.

Entfaltung und Erkenntnis				
Bereich		*Entfaltung*		*Erkenntnis*
Innen	↓	Identität	↑	Erkenntnis
Phase 1	↓	allgemeiner Wunsch (Urbild)	↑	allgemeine Beschreibung („Formel")
Phase 2	↓	konkreter Wunsch	↑	Analyse
Phase 3	↓	Erlebnis	↑	Wahrnehmung, Betrachtung
Außen	↓	Welt	↑	Objekt

II 5. b) Der Blitzstrahl der Schöpfung und die Schlange der Weisheit

Auf dem kabbalistischen Lebensbaum sind diese beiden Bewegungsrichtungen durch zwei Symbole dargestellt worden:

Der Schöpfungsvorgang wird durch den „Blitzstrahl der Schöpfung", der auch „Schwert der Schöpfung" genannt wird, dargestellt. Er folgt den Bereichen („Sephiroth") von 1 bis 10.

Der Erkenntnisvorgang wird durch die „Schlange der Weisheit" dargestellt, die unter anderem auch die aufsteigende Kundalini ist. Sie folgt den 22 Pfaden, die die Bereiche auf dem Lebensbaum miteinander verbindet.

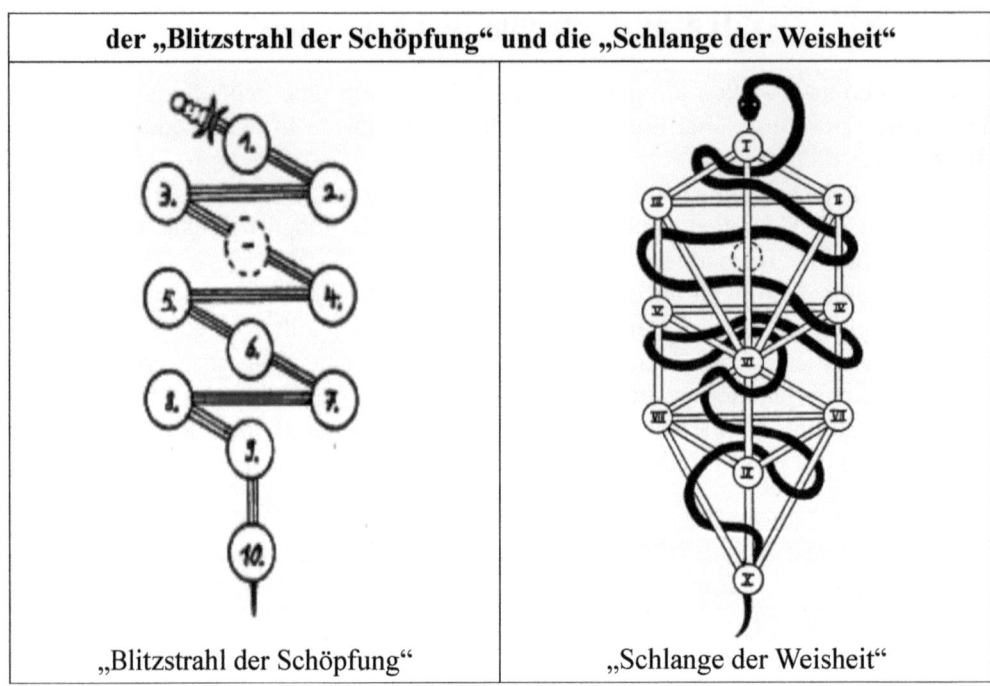

der „Blitzstrahl der Schöpfung" und die „Schlange der Weisheit"

„Blitzstrahl der Schöpfung"   „Schlange der Weisheit"

II 5. c)   Tummo und Bindhu

In Indien und in Tibet werden diese beiden Richtungen des Dreischritts im Yoga unterschieden:

Der Schöpfungsvorgang wird als weißes Licht beschrieben, daß von oben her herunterfließt. Es wird „Bindhu" genannt. In den Upanishaden wird dieser Vorgang recht poetisch als das „Melken der Himmelskuh" umschrieben – es wird der Segen der Muttergöttin herabgerufen, der als ihre Milch aufgefaßt wird. Das ist u.a. auch der Ursprung der Ritualtrank-Symbolik, die in Indien und in Europa schließlich zu dem Motiv des Lebenselixiers geführt hat.

Der Erkennisvorgang ist in Indien und Tibet fest mit dem Aufsteigen der Kundalini verbunden. Ihre Hitze ist es in der Regel, die die Ursache dafür ist, daß das Licht des Himmelsadlers in den Yogi hinabfließt.

II 5. d) Schlange und Adler

In einigen Mythen erscheint das Himmelslicht als Adler und das Erdfeuer als Schlange. Mythologisch gesehen sind dies die beiden Bilder für den Astralkörper, d.h. für die Seelen der Lebenden und der Toten.

Der Seelenvogel ist die Seele, die man bei einem Nahtod als Astralkörper erleben kann, d.h. als ein Verlassen des physischen Leibes, worauf hin man frei umherschweben kann – man fliegt wie ein Vogel …

Die Schlange ist der Tote in seinem Grab in der Erde, in der auch die Schlangen in Höhlen, Felsspalten u.ä. leben.

II 5. e) Urknall und E=mc²

In der Physik findet sich der Schöpfungsvorgang als Urknall und der Erkenntnis-vorgang als die Kondensation von Energie zu Materie und als die Kondensation von Materie zu Schwarzen Löchern.

II 5. f) Geburt und Tod

Die beiden archaischsten Bilder für die Schöpfung sind die Zeugung und die Geburt und für den Erkenntnisvorgang die Jenseitsreise und der Tod.

II 6.   Der pulsierende Dreischritt

Das Vorhandensein von zwei Bewegungsrichtungen in dem Dreischritt läßt schon vermuten, daß es nicht nur eine Gleichzeitigkeit dieser beiden Richtungen (Erschaffen und Erkenntnis) gibt, sondern auch einen rhythmischen Wechsel zwischen beidem.

II 6. a)   Wachen und Schlafen

Das anschaulichste Beispiel für einen solchen rhythmischen Wechsel ist das „Spielen auf dem eigenen Instrument" im Wachzustand am Tag und das „Stimmen des eigenen Instruments" während des Schlafes in der Nacht.

Der Tag ist vor allem von Selbstausdruck erfüllt und nur zu einem kleinen Teil von Erkenntnis – z.B. beim Nachdenken, in einer Therapie oder in der Meditation.

In der Nacht werden die Erlebnisse zunächst während der Traumphasen in das Unterbewußtsein eingefügt und dann in den Tiefschlafphasen noch auf die Seele eingestimmt.

Dieser Zyklus hält das gesamte menschliche System intakt.

II 6. b)   Die Entwicklung der Psyche

Diesen Rhythmus gibt es im Leben auch im Großen. Dabei lassen sich insgesamt vier Lebensabschnitte unterscheiden.

Zur einfacheren Übersicht sind die Abschnitte, die von Phase 1 nach Phase 3 verlaufen (Schöpfungs-Vorgang) mit normalen Buchstaben geschrieben, während die Abschnitte, die von Phase 3 nach Phase 1 verlaufen, *kursiv* geschrieben sind.

1. Abschnitt: Schwangerschaft

   1.1 Unterabschnitt (Ursprung):

     Zeugung bis Ende 6. Monat: Es sind nur die EEG-Wellen des Tiefschlafs nachweisbar.

   1.2 Unterabschnitt (Phase 1):

     7 und 8 Monat: Es sind auch die EEG-Wellen des Unterbewußtseins nachweisbar.

   1.3 Unterabschnitt (Phase 2):

     9 Monat: Es sind auch die EEG-Wellen des Wachbewußtseins nachweisbar.

2. Abschnitt: Kindheit

   2.1 Unterabschnitt (Phase 3):

     die orale Phase (das erste Lebensjahr): Das Kind lebt in einer Einheit mit seiner Mutter und nimmt alle Eindrücke auf. Idealerweise erlebt es in diese Phase Geborgenheit und Fülle und kann das Urvertrauen entwickeln. Dies ist ein umfassendes „Ja".

   2.2 Unterabschnitt (Phase 2):

     die anale Phase (das zweite und dritte Lebensjahr): Das Kind lernt zu laufen, zu sprechen und „Nein!" zu sagen. Er lernt, zu unterscheiden, sich abzugrenzen, Stellung zu beziehen und zu wählen. In dieser Phase entfaltet das Kind seine Stärke.

   2.3 Unterabschnitt (Phase 1):

     die phallische Phase (ca. 3-12 Jahre): Das Kind lernt aufgrund des „ja" und des „Nein!", das es schon erlernt hat, nun auch „Ich!!!" zu sagen. Das ist die Phase, in der die Selbstliebe entsteht.

3. Abschnitt: Jugend und Erwachsensein

- Anschluß:

Dieser Abschnitt schließt an die Phase 1 des vorigen Abschnittes an und beginnt daher mit einer Phase 2.

3.1 Unterabschnitt (Phase 2):

die genitale Phase (ca. 12-21 Jahre): Der Jugendliche wendet sich mit seinem Ich an die Welt und sucht nach Ausdrucks- und Erlebnismöglichkeiten: Welcher Beziehungspartner? Welcher Beruf? Welcher Wohnort? Der Jugendliche erprobt in seiner Pubertät seine Kraft in der Welt. Diese Phase ist ein „Du?"

3.2 Unterabschnitt (Phase 3):

die adulte Phase (ca. 20-45 Jahre): Der Erwachsene hat eine Familie gegründet und selber einen Raum der Geborgenheit erschaffen, in dem er nun lebt. Aus dem „Ich!!!" und dem „Du?" ist ein „Wir." geworden.

4. Abschnitt: Alter

- Anschluß:

Dieser Abschnitt schließt an die Phase 3 des vorigen Abschnittes an und beginnt daher mit einer Phase 2.

4.1 Unterabschnitt (Phase 2):

tutorale Phase (ca. 45-70 Jahre): Der ältere Erwachsene wendet sich, wenn die Kinder erwachsen geworden sind, wieder in die Welt, entwickelt neue Hobbys, unternimmt, Reise und beginnt andere zu lehren. Diese Phase ist ein „Anderes ... "

4.2 Unterabschnitt (Phase 1):

geronte Phase (ca. 70 Jahre bis Tod): Der alte Mensch besinnt sich auf das Wesentliche und wird weise. Aus dem „Wir" und dem „Anderes ... " ist ein „Alles" geworden.

5. Abschnitt: im Jenseits

Die Seele ist nun nicht mehr inkarniert und befindet sich bis zu einer erneuten Inkarnation im Jenseits.

Die Dynamik dieser Lebensphasen werden deutlicher, wenn man sie in einer Graphik darstellt:

die biographische Entwicklung					
Abschnitt	**Phase**				
	Seele	*Phase 1*	*Phase 2*	*Phase 3*	*Welt*
vor der Zeugung	Seele				
1-6 Monat	Tiefschlaf				
7-8 Monat		Unterbewußtsein			
9 Monat			Wachbewußtsein		
orale Phase				Säugling	
anale Phase			Kleinkind		
phallische Phase		Kind			
genitale Phase			Jugendlicher		
adulte Phase				Erwachsener	
tutorale Phase			älterer Mensch		
geronte Phase		Greis			
nach dem Tod	Seele				

Eine ausführliche Darstellung dieser Dynamik und auch ihrer Analogie in der Geschichte findet sich in meinem Buch „Die sieben Schritte des Lebens":

II 6. c)   Die Entwicklung der Menschheit

Dieselbe Struktur und Dynamik wie in der Biographie findet sich auch in der Geschichte der Menschheit.

1. orale Phase und Altsteinzeit: Beides ist durch eine Symbiose mit der Umgebung geprägt: ein „Ja".
Die Menschen in der Altsteinzeit haben als Teil der Natur in der Natur gelebt. Das Urbild war die Große Mutter.

81

2. anale Phase und Jungsteinzeit: Beides ist durch die Wichtigkeit der Abgrenzung und die Gestaltung der Umwelt unter Beibehaltung der Einfügung in den Rhythmus der Umgebung geprägt: ein „Nein!"

Die Menschen in der Jungsteinzeit haben Inseln der Kultur in der Natur erschaffen: Sie haben Ackerbau und Viehzucht betrieben sowie Dörfer und Tempel errichtet. Das Urbild für die Kultur war der Korngott, das Urbild für die Natur war der Wildnisgott.

3. phallische Phase und Königtum: Beides ist eine Zentral-Steuerung des Gesamten, die Unterordnung des Systems unter ein Zentrum, die Gestaltung des Ganzen durch einen einzigen Willen: ein „Ich!!!"

Die Menschen im Königtum „haben sich die Erde untertan gemacht". Das Urbild war der Eine Gott.

4. genitale Phase und Materialismus: Beides ist ein Forschen und Nutzen, ein Kennenlernen und Genießen, ein Erkunden und Gestalten, ein Begegnen und Prüfen und Wählen: ein „Du?"

Die Menschen haben durch die industrielle Revolution einen vorher ungekannten Wohlstand und ein völlig neues Ausmaß der Prägung der Erdoberfläche erreicht – die Erde ist zu dem „Planet der Menschen" geworden.

5. adulte Phase und Globalisierung: Beides erschafft eine feste Verbindung, ein stabiles System, eine tragfähige Grundlage: ein „Wir."

Die Aufgabe der Menschen ist es nun, eine kollektive Lebensweise zu finden, durch die sie sich nicht selber zerstören.

6. tutorale Phase und Zukunft I: Beides weitet die Möglichkeit, sucht neue Varianten, neue Begegnungen, lernt und lehrt, gibt und empfängt: ein „Anderes …"

7. geronte Phase und Zukunft II: Beides sucht die Einheit, die Essenz, die Weisheit, die Freiheit: das „Alles".

Geschichte und Biographie		
Geschichte	*Biographie*	*Phasen*
Urknall	Zeugung	-
Vorgeschichte	Schwangerschaft 1-6 Monat	(Tiefschlaf /Seele)
	Schwangerschaft 7-8 Monat	1
	Schwangerschaft 9 Monat	2
Altsteinzeit	orale Phase	3
Jungsteinzeit	anale Phase	2
Königtum	phallische Phase	1
Materialismus	genitale Phase	2
Globalisierung	adulte Phase	3
Zukunft I	tutorale Phase	2
Zukunft II	geronte Phase	1

II 6. d)   Assoziation, Analogie, Zentrierung

Die drei Phasen haben jeweils eine bestimmte Blickweise, die sich auch in den Abschnitten der Menschheitsgeschichte zeigt. Diese drei Blickweisen und Denkweisen sind:

- Phase 1: Assoziation
- Phase 2: Analogie
- Phase 3: Zentrierung

Diese drei Ordnungsprinzipien werden in den einzelnen Abschnitten auf immer neue Lebensumstände angewandt:

Der Säugling bildet sein Weltbild zunächst durch Assoziationen: Menschen, Wesen und Dinge erhalten durch die Erinnerungen an Erlebnisse mit ihnen eine bestimmte Qualität.

Dasselbe gilt für das Weltbild der Altsteinzeit mit der Mutter im Zentrum.

Das „Ja" dieser Epoche steht in einem umfassenden Geflecht aus Assoziationen (Phase 1).

Das Kleinkind bildet sein Weltbild durch die Einteilung in „angenehm" und „unangenehm" und durch das Erlebnis, durch die eigene Kraft die Umwelt gestalten zu können. Dabei werden bestimmte allgemeine Kategorien entwickelt, die zusammen mit der rhythmischen Wiederholung ein Weltbild aus Analogien ergeben: So gibt es z.B. jeden Abend dasselbe „zu Bett bringen"-Ritual.

Dasselbe gilt für das Weltbild der Jungsteinzeit mit ihren Mythen, die die Beschreibung solcher Analogien sind.

Das „Nein!" dieser Epoche steht in einer systematischen Struktur aus Analogien (Phase 2).

Das Kind bildet sein Weltbild durch die Erkenntnis von sich selber als dem Zentrum der eigenen Welt – es beginnt zu wollen.

Dasselbe gilt für das Weltbild des Königtums mit seiner Zentrallenkung, seinem Monotheismus und seiner Philosophie.

Das „Ich!!!" dieser Epoche steht in der Mitte eines Mandalas, das durch eine allgemeine Zentrierung (Phase 3) erschaffen wird.

Der Jugendliche bildet sein Weltbild durch das Erforschen der Welt, deren Strukturen er zu ergründen versucht – einschließlich der Strukturen und Rhythmen in sich selber.

Dasselbe gilt für das Weltbild des Materialismus, das die Welt untersucht und durch „wissenschaftlichen Analogien", also durch Formeln und Diagramme beschreibt.

Das „Du?" dieser Epoche steht in einer systematischen Struktur aus Analogien (Phase 2).

Der Erwachsene bildet sein Weltbild durch die Einbeziehung der ihm wichtigen Menschen zu einer Familie, in der alle mit allen verbunden sind.

Dasselbe gilt für das Weltbild der Globalisierung, da die gegenseitige Abhängigkeit aller voneinander zur Grundlage hat und auf ihr ein stabiles System aufbaut.

Das „Wir." dieser Epoche steht in einem umfassenden Geflecht aus Assoziationen (Phase 1).

Der ältere Mensch bildet sein Weltbild durch seine neu hinzugewonnene Freiheit, Freizeit und Möglichkeiten. Er gibt sein Wissen weiter, formuliert es in allgemeingültiger Weise und erkundet neue Lebensbereiche.

Dasselbe gilt voraussichtlich auch für das Weltbild der Zukunft I, in der vermutlich verschiedene Lebensweisen erforscht werden. Diese „Lebensentwürfe" sind eine Sammlung von Möglichkeiten, von Biographie-Mythen – von möglichen Analogien zu Vorbildern.

Das „Anderes …" dieser Epoche steht in einer systematischen Struktur aus Analogien (Phase 2).

Der alte Mensch bildet sein Weltbild durch den Blick auf das Ganze, als dessen Teil er sich selber erlebt.

Dasselbe gilt voraussichtlich auch für das Weltbild Zukunft II, in der sich die Menschen vermutlich als ein einziges „Menschheits-Wesen" erleben werden.

Das „Alles" dieser Epoche steht in der Mitte eines Mandalas, das durch eine allgemeine Zentrierung (Phase 3) erschaffen wird.

II 7. Die Erweiterung zum kollektiven Dreischritt

Die Entwicklung im Dreischritt des einzelnen Menschen steht im Zusammenhang mit den entsprechenden Vorgängen in der Menschheit und in der Welt als Ganzes.

II 7. a) Innen: Quelle

Die Quelle ist das Bewußtsein, das in seinem Wesen eine Einheit ist.

II 7. b) Phase 1: Urbilder

Die Phase 1 entspricht bei einem einzelnen Menschen dem Unterbewußtsein. Diese individuelle Phase ist Teil des kollektiven Unterbewußtseins. Die Bilder im individuellen Unterbewußtsein sind mit den Urbildern (Archetypen, Gottheiten, Mythen) im kollektiven Unterbewußtsein verbunden.

In dieser Phase ist die Verbindung umfassend: Alle Bilder des individuellen Unterbewußtseins sind auch Teil des kollektiven Unterbewußtseins.

II 7. c) Phase 2: Politik

Die Phase 2 entspricht bei einem einzelnen Menschen dem Wachbewußtsein. Diese individuelle Phase ist Teil des kollektiven Wachbewußtseins. Die Entscheidungen und Handlungen des einzelnen Menschen sind Teil der Entscheidungen und des Handelns der Menschheit und somit Teil der Politik.

In dieser Phase sind die Verbindung Teil einer Gesamtstruktur, aber nicht in allem wirksam: Viele individuellen Entscheidungen und Handlungen beeinflussen auch die Entscheidungen und Handlungen anderer Menschen.

II 7. d) Phase 3:   gemeinsames Erleben

Die Phase 3 entspricht bei einem einzelnen Menschen dem Erleben. Diese indivi-duelle Phase ist Teil des kollektiven Erlebens. Das Erlebnis des Einzelnen ist häufig mit dem Erlebnis eines oder mehrerer anderer Menschen verbunden.

In dieser Phase tritt nur gelegentlich eine Verbindung auf: Manche Dinge erlebt man gemeinsam mit einem anderen Menschen.

II 7. e) Außen: Materie

Die Materie im Außen ist eine Vielheit, in der jedes Atom für sich selber steht.

II 7. f) Übersicht

Der Grad der Verbindung nimmt von innen nach außen hin ab. Dies entspricht der zunehmenden Konkretisierung von Innen nach Außen hin.

der Grad der Verbundenheit		
individuell	*kollektiv*	*Verbundenheit*
Tiefschlaf-Bewußtsein	umfassendes Bewußtsein (Gott)	Einheit
Unterbewußtsein	kollektives Unterbewußtsein	allgemeine Verbundenheit
Wachbewußtsein	Politik	allgemeiner Einfluß
Ekstase-Bewußtsein	Begegnung	gelegentliche Begegnung
Körper	materielle Welt	getrennte Vielheit

II 8.   Der Dreischritt als Teil des zwölfgeteilten Kreises

Der Dreischritt steht nicht isoliert in der Welt, sondern ist Teil eines umfassenderen Systems.

II 8. a)   Die Elementarteilchen

Der Dreischritt findet sich als die drei Größen der vier grundlegenden Elementarteilchen. Die Übersicht über diese $3\cdot4=12$ Elementarteilchen ist bereits angeführt worden.

die 12 grundlegenden Elementarteilchen			
	1. Familie **normale Teilchen** **('Phase 1')**	**2. Familie** **schwere Teilchen** **('Phase 2')**	**3. Familie** **sehr schwere Teilchen** **('Phase 3')**
Quark 1	„up"-Quark	„charm"-Quark	„truth"-Quark
Quark 2	„down"-Quark	„strange"-Quark	„beauty"-Quark
Leptonen	Elektron	Myon	Tauon
Neutrinos	Elektron-Neutrino	Myon-Neutrino	Tauon-Neutrino

II 8. b)   Der Tierkreis

Auch der Tierkreis besteht aus $4\cdot3=12$ Zeichen: 4 Elemente · 3 Dynamiken. Wie bereits beschrieben, entsprechen die 12 Tierkreiszeichen den 12 grundlegenden Elementarteilchen.

die 12 grundlegenden Elementarteilchen und die Tierkreiszeichen			
	1. Familie normale Teilchen; kardinale (erschaffende) Tierkreiszeichen Phase 1	2. Familie schwere Teilchen; fixe (gestaltende) Tierkreiszeichen Phase 2	3. Familie sehr schwere Teilchen; bewegliche (bewegende) Tierkreiszeichen Phase 3
Quarks	„up"-Quark	„charm"-Quark	„truth"-Quark
Feuer	Widder	Löwe	Schütze
Quarks	„down"-Quark	„strange"-Quark	„beauty"-Quark
Wasser	Krebs	Skorpion	Fische
Leptonen	Elektron	Myon	Tauon
Luft	Waage	Wassermann	Zwillinge
Neutrinos	Elektron-Neutrino	Myon-Neutrino	Tauon-Neutrino
Erde	Steinbock	Stier	Jungfrau

II 8. c) Der Superstring

Der Superstring ist der Bauplan aller Elementarteilchen und aller Energiequanten, also von aller Substanz in unserer Welt. Ein Superstring ist wie eine kreisförmige Saite (englisch: „string"), die als stehende Welle schwingt. Der einfachste Superstring hat genau zwölf gleichgroße Wellen und somit dieselbe Struktur wie der Tierkreis.

Die stehende Welle ist eines der sehr wenigen physikalischen Phänomene, die aus einer Gruppe von gleichgroßen, aber scharf voneinander abgegrenzten Bereichen besteht – und somit eine Entsprechung zum Tierkreis mit seinen zwölf gleichgroßen und scharf voneinander abgegrenzten Tierkreiszeichen ist.

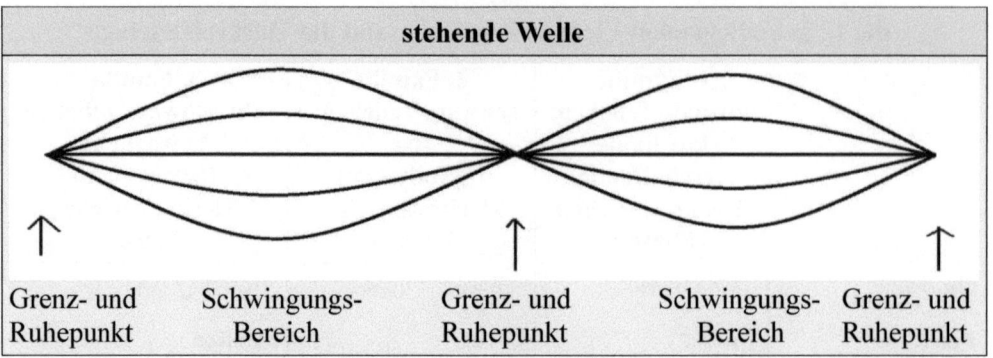

stehende Welle				
Grenz- und Ruhepunkt	Schwingungs- Bereich	Grenz- und Ruhepunkt	Schwingungs- Bereich	Grenz- und Ruhepunkt

Sowohl der Tierkreis als auch die Heisenberg'sche Spin-Ketten (Superstring) haben die Struktur einer kreisförmigen stehenden Welle:

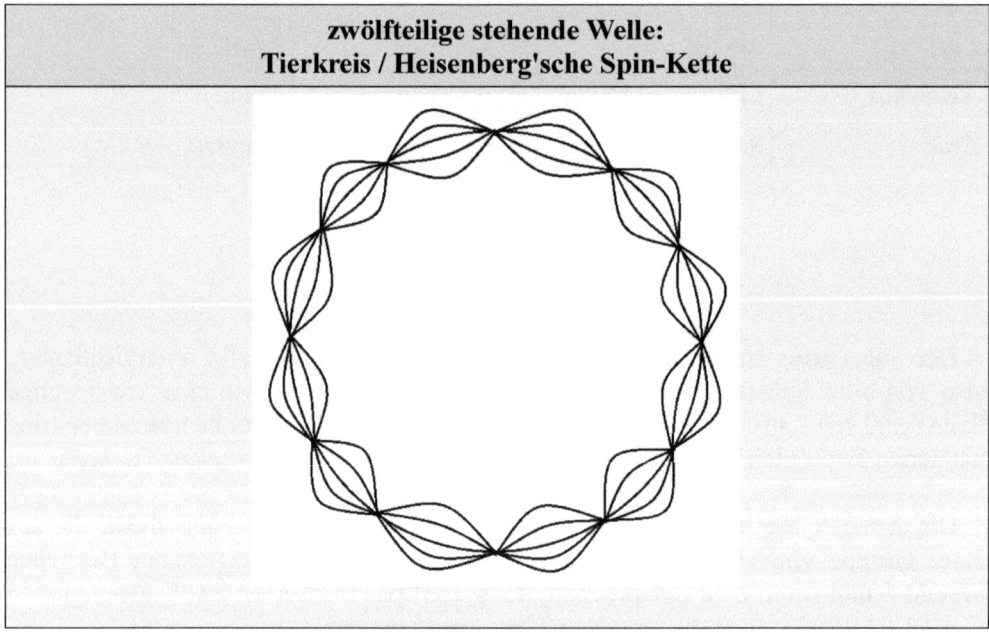

zwölfteilige stehende Welle:
Tierkreis / Heisenberg'sche Spin-Kette

Jeder Wellenberg entspricht einem Tierkreiszeichen. Die unbewegten Nullpunkte sind die Grenzen zwischen den Tierkreiszeichen.

II 8. d)   Der Tierkreis auf dem Lebensbaum

Die Übergänge auf dem kabbalistischen Lebensbaum haben jeweils die 12er-Struktur des Tierkreises. Hier ist noch einmal die Lebensbaum-Graphik mit den vier Übergängen (vier dünne, waagerechte Linien):

der kabbalistische Lebensbaum					
Differenzierung			Sephiroth	Planet	Lebensbaum
I	II	III			
1.	1.	1.	Kether	Pluto	
		2.	Chokmah	Neptun	
	2.	3.	Binah	Uranus	
		D	Da'ath	Saturn	
		4.	Chesed	Jupiter	
2.	3.	5.	Geburah	Mars	
		6.	Tiphareth	Sonne	
		7.	Netzach	Venus	
	4.	8.	Hod	Merkur	
		9.	Yesod	Mond	
3.	5.	10.	Malkuth	Erde	

Diese Übergänge haben den folgenden Charakter:

- die „erste Ursache" zwischen 1 und 2/3:   Hier entstehen von oben nach unten gesehen im Materie-Bereich die Energiequanten und im Bewußtseins-Bereich die Gottheiten.
Die 12er-Struktur findet sich hier als der 12-teilige Superstring.

- der „Abgrund" zwischen D und 4/5:   Hier entstehen von oben nach unten gesehen im Materie-Bereich die Elementarteilchen und im Bewußtseins-Bereich die Seelen.
Die 12er-Struktur findet sich hier als die 12 grundlegenden Elementarteilchen und als der Tierkreis um einen Planeten o.ä.

- der „Graben" zwischen 6 und 7/8:   Hier entstehen von oben nach unten gesehen im Materie-Bereich die Atome und im Bewußtseins-Bereich die Psychen.

Die 12er-Struktur findet sich hier als die Formen der Elektronenhülle eines Atoms und als ein Geburtshoroskop.

- die „Schwelle" zwischen 9 und 10:   Hier entstehen von oben nach unten gesehen im Materie-Bereich die Gegenstände und im Bewußtseins-Bereich die Körper.

Die 12er-Struktur findet sich hier als die astrologischen Transite.

II 8. e)   die drei Phasen und der Tierkreis

Die 12er-Struktur ist offenbar eine Struktur der Übergänge. Da die fünf Bereiche, zwischen denen sich diese vier „astrologischen" Übergänge befinden, das Innen, die drei Phasen und das Außen sind, hängt diese 12er-Struktur auch mit den Zwischenchakren zusammen.

Diese 12er-Strukturen sehen etwas anders aus als bei den den 12er-Sturkturen auf dem Lebensbaum, da hier die Chakren eines Menschen und somit seine verschiedenen Entschlüsse und Handlungen betrachtet werden.

die 12er-Struktur und die Phasen		
Bereiche	**Chakren**	**12er-Struktur**
Innen	Herzchakra	
Zwischenchakra	*Thymus-Zwischenchakra* *Wunschbaum-Zwischenchakra*	*Geburts-Horoskop* *eines Menschen*
Phase 1	Halschakra Sonnengeflecht	
Zwischenchakra	*Gaumen-Zwischenchakra* *Nabel-Zwischenchakra*	*Horoskop eines* *allgemeinen Impulses*
Phase 1	Drittes Auge Hara	
Zwischenchakra	*Haupthaar-Zwischenchakra* *Schamhaar-Zwischenchakra*	*Horoskop eines* *konkreten Impulses*
Phase 1	Scheitelchakra Wurzelchakra	
Zwischenchakra	*Tor zum Himmel* *Tor zur Erde*	*Horoskop eines Augenblicks* *(astrologische Transite)*
Außen	Körper	

Die Übergänge von einer Phase zur nächsten sind die Orte und Zeitpunkte, an denen ein Horoskop entsteht.

Offensichtlich sind die Entschlüsse an den Zwischenchakren, also an den Übergängen von einem Chakra zum nächsten, ebenfalls solche Schöpfungsvorgänge, durch die ein Hroskop, also eine 12er-Prägung entsteht. Dort findet eine Festlegung, eine Reduzierung der Möglichkeiten, eine Konkretisierung und eine Formgebung statt – also eine astrologische Prägung. Diese astrologische Prägung kann man für jeden Entschluß berechnen und überprüfen.

II 8. f) Aspekte und Winkel

Der Tierkreis ist ein festes System aus zwölf Eigenschaften. Diese zwölf Eigenschaften, also die Tierkreiszeichen, stehen in bestimmten Verhältnissen zueinander. Jedes Tierkreiszeichen ein Zwölftel-Kreis, also 30° groß. Daher lassen sich die

Verhältnisse der Tierkreiszeichen untereinander in 30°-Einheiten beschreiben – dies sind die astrologischen Aspekte.

Konjunktion (0°): die untrennbare Gemeinsamkeit zweier Planeten, eine „Ehe", die Identität, die einpolare Gravitation

Opposition (180°): der Ergänzungs-Gegensatz, das Schaukeln, der Rhythmus, der Zyklus, der Wandel, Yin und Yang, Bewegung, die zweipolare elektromagnetische Kraft, die beiden Pole des zweipolaren Dreischritts (Sonnensystem, Chakren-System, Vajra)

Trigon (120°): eine Freundschaft, die Gemeinsamkeit von Verschiedenen, eine feste Verbindung, Verbindlichkeit, die dreipolare Farbkraft, der Dreischritt

Quadrat (90°): eine Trennung, ein rechter Winkel, eine Zeltstange, Raum, Freiheit, gegenseitiges Akzeptieren der Verschiedenheit und Freude daran, die vier Elemente, der rechte Winkel zwischen der elektrischen Welle und der magnetischen Welle

Sextil (60°): die Versammlung von Ähnlichen zu einer Gruppe, das „kleine Trigon", mehrere Monde auf derselben Umlaufbahn, Schneeflocken, Waben, Anordnung von gleichgroßen Kugeln, „Blüte des Lebens"

Halbsextil (30°): Entwicklungschritt, Weitergehen, Verwandlung, Metamorphose, Wachstum

Quincunx (150°): Integration, Veränderung, Pflege, Spannungs-Aufbau, Ordnen, Heilen, Reparieren

Der Tierkreis enthält in sich offenbar diese sieben Eigenschaften. Durch sie wird eine neue Form aufgebaut, die an einem Übergang entsteht – sowohl eine astrologische Prägung als auch ein neuer physikalischer Zustand (Raumzeit → Energie → Materie in thermischen Gleichgewicht → Materie in thermischem Ungleichgewicht → Schwarzes Loch).

Interessanterweise ist die Lichtgeschwindigkeit („c") eng an diese Übergänge gekoppelt, wie die Betrachtungen in einem früheren Kapitel gezeigt haben.

1. Übergang („Erste Ursache"): Bei dem Urknall entsteht Licht (Energiequanten).

2. Übergang („Abgrund"): Bei der Verwandlung von Energie in Materie geht ein c^2 verloren ($E=mc^2$).

3. Übergang („Graben"): Beim Ende des thermischen Gleichgewichts endet die gleichmäßige Verteilung des Lichtes (Energie) und auch der Materie im Weltall und es entstehen Licht und Schatten.

4. Übergang („Schwelle"): Bei der Entstehung eines Schwarzen Loches geht wieder ein c^2 verloren (m = „Schwarzes Loch-Substanz" · c^2).

Was bedeutet dieser Zusammenhang?

Da Licht ist das Erste, was nach der Raumzeit und der Gravitation, die eine Eigenschaft der Raumzeit ist, entstanden ist … „Es werde Licht!". Das Licht stellt somit den Schöpfungsimpuls und die maximale Freiheit dar, die in den ersten 10^{-30} Sekunden nach dem Urknall vollkommen gewesen ist.

Die Entstehung des Lichtes am Übergang 1 kann man als Schöpfungsimpuls deuten: Es wir ein freier Raum erschaffen, der von Licht erfüllt ist.

Der Verlust des Lichtes bei den Übergängen 2, 3 und 4 sind Konkretisierungen: die Festlegung auf eine Möglichkeit ist immer mit einer Reduzierung der Freiheit verbunden, weil man eine von viele Möglichkeiten gewählt hat. Am Ende ist die Freiheit bei „0" angekommen, weil man etwas ganz Konkretes im Hier und Jetzt erlebt – das entspricht der auf einen Punkt zusammengeschrumpften Materie in einem Schwarzen Loch. Das Schwarze Loch ist „schwarz" … kein Licht mehr … und es ist punktförmig … keine Freiheit mehr … aber maximale Intensität und Eindeutigkeit …

II 8. g)   Die Qualität der Zahlen 1, 2, 3, 4, 5, 6 und 12

Aus den Betrachtungen über den Tierkreis ergibt sich, daß einige Zahlen eine natürliche Symbolik haben.

Die **1** ist die Identität: die astrologische Konjunktion (0°-Winkel) und die Gravitation

Die **2** ist der Ergänzungs-Gegensatz: die astrologische Opposition (180°-Winkel) und die elektromagnetische Kraft

Die **3** ist die organische Verbindung: das astrologische Trigon (120°-Winkel; drei Trigone bilden ein Dreieck), die Farbkraft und der Dreischritt

Die **4** ist die Trennung, die Weite, der Raum und die Freiheit: das astrologische Quadrat (90°-Winkel; vier Quadrat-Aspekte bilden ein geometrisches Quadrat), der Winkel zwischen elektrischer Welle und magnetischer Welle

Die **5** ist die Integration und die Heilung: das astrologische Quincunx (150°)

Die **6** ist die Gruppenbildung: das astrologische Sextil (60°; sechs Sextile bilden eine Wabe)

Die **12** ist die Entwicklung und das Vollständige: das astrologische Halbsextil (30°; zwölf Halbsextile bilden ein Zwölfeck) und auch der Tierkreis selber

Man kann diese Zahlen, da sie eine feste Symbolik haben, auch in der Magie benutzen – z.B. als Symbol, bei Imaginationen oder bei der Anfertigung von Talismanen. Diese Zahlensymbolik sieht kurzgefaßt wie folgt aus:

Phase 1: Sonnengeflecht und Halschakra

Die **1** hilft bei der Zentrierung und dem Erreichen einer Eindeutigkeit und Einsgerichtetheit: die Funktion der Phase 1.

Die **5** hilft, alles zu ordnen, zu heilen und die Spannung wieder herzustellen: eine Hilfsfunktion der Phase 1.

Phase 2: Hara und Drittes Auge

Die **2** hilft, zu unterscheiden und vor einen passenden Rhythmus zu finden: die Funktion der Phase 2.

Die **4** hilft, sich abzugrenzen und eine klare Form zu erschaffen: eine Hilfsfunktion der Phase 2.

Phase 3: Wurzelchakra und Scheitelchakra

Die **3** hilft, sich selber auszudrücken und eine organische Form zu erschaffen: die Funktion der Phase 3.

Die **6** hilft, Gleichgesinnte und Verbündete zu finden und eine Gruppe zu bilden: eine Hilfsfunktion der Phase 3.

Die **12** hilft, den nächsten Schritt zu tun und im Fluß zu bleiben: Sie hilft, die Bewegung zwischen den drei Phasen intakt zu halten.

Eine ausführliche Beschreibung findet sich in meinem Buch „Zahlenmagie für Anfänger".

II 8. h) Der Vajra

Der Vajra, der auch „Donnerkeil" genannt wird, da er ursprünglich ein Blitzsymbol gewesen ist, enthält auch eine 12er-Struktur.

Das Vajra

Die Kugel oder der Diskus in der Mitte ist das Zentrum, der Ursprung: Gott, die Seele u.ä.

Der symmetrische Aufbau des Vajra entspricht der „2", also der Opposition, dem Yin/Yang-Gegensatz usw., der sich auch im Chakrensystem (obere und untere Chakren) und im Sonnensystem (der Jet am Nordpol und der Jet am Südpol) findet.

Die beiden Lotus-Blüten sind die ungehinderte Entfaltung der Phase 1.

Die zweimal vier Elefantenköpfe sind die Ausbildung einer Struktur der Phase 2.

Die zweimal vier Elefantenrüssel sind das Erleben im Hier und Jetzt de Phase 3.

Die Vierzahl der Elefanten entspricht den vier Elementen im Tierkreis und die Dreizahl der Phasen den drei Formen, in denen jedes Element im Tierkreis vorkommt. Somit findet sich auch hier die Symbolik der Zwölf ($3 \cdot 4 = 12$).

Die beiden Strahlen in der Mitte entsprechen der Quintessenz, die man als die Lenkung der vier Elemente in den drei Phasen durch den Ursprung (Herzchakra, Seele) auffassen kann.

II 9. Die Übergänge zwischen den drei Phasen

Die Übergänge zwischen den drei Phasen entsprechen den vier Zwischenchakra-Paaren und den vier Übergängen auf dem kabbalistischen Lebensbaum.
Sie sind die „Tore der Entfaltung", der „Blitzstrahl der Schöpfung":

> An diesen Übergängen entstehen neue Formen,
> sie sind die Orte der Verwandlung,
> sie sind die Plätze der Entscheidung,
> sie sind die Pforten der Konkretisierung,
> an ihnen entsteht die astrologische Prägung,
> an ihnen wird Freiheit gegen Entscheidung eingetauscht,
> an ihnen wird Licht zu Abgrenzung,
> hier entsteht schöpferische Magie,
> hier entsteht Telekinese,
> hier entsteht Selbstausdruck,
> sie sind der Weg zum Erleben der Welt,
> sie sind der Pfad zur Materie,
> sie sind die Allee nach außen …

Sie sind auch die „Tore der Erkenntnis", die Schlange der Weisheit":

> An diesen Übergängen entstehen neue Erkenntnisse,
> sie sind die Orte der Begegnung mit dem Trauma,
> sie sind die Plätze der Heilung,
> sie sind die Pforten der Rückkehr,
> an ihnen wird die astrologische Prägung aufgelöst,
> an ihnen wird Entscheidung gegen Freiheit eingetauscht,
> an ihnen wird Abgrenzung zu Licht,
> hier entsteht erkennende Magie,
> hier entsteht Telepathie,
> hier entsteht Selbsterkenntnis,
> sie sind der Weg der Rückkehr zur eigenen Seele,
> sie sind der Pfad zum Bewußtsein,
> sie sind die Allee nach innen …

Die Zwischenchakren sind offenbar die Orte im Chakrensystem, die auch für die Magie am wichtigsten sind.

II 10. Die Störungen des Dreischritts

Wie in allen komplexen Systemen kann es auch im Chakrensystem zu Störungen kommen, deren Heilung für das Wohlbefinden des Betreffenden von großer Wichtigkeit ist.

II 10. a) Die Chakren-Polarisierungen

Störungen im Fluß der Impulse der Seele von innen nach außen führen zu den bereits beschriebenen Polarisierungen der drei Eigenschaften „Selbstliebe", „Kraft" und „Fülle" die den drei Phasen entsprechen.

Bei diesen Störungen gibt es einen Lebenskraft-Stau in einem der sechs äußeren Chakren und parallel dazu jeweils einen Lebenskraft-Mangel in dem anderen Chakra des betreffenden Chakra-Paares.

Statt „Lebenskraft-Stau in einem Chakra" kann man auch „Fixierung auf ein Chakra" sagen und statt „Lebenskraft-Mangel in einem Chakra" auch „Meidung eines Chakras".

Diese bereits beschriebenen Extrem-Zustände sind:

- Lebenskraft-Stau im Sonnengeflecht: egozentrischer Star
- Lebenskraft-Stau im Halschakra: schamhafter Fan

- Lebenskraft-Stau im Hara: rücksichtsloser Täter
- Lebenskraft-Stau im Dritten Auge: ängstliches Opfer

- Lebenskraft-Stau im Wurzelchakra: zerfließender Süchtiger
- Lebenskraft-Stau im Scheitelchakra: verhärteter Asket

II 10. b) Die Blockaden an den Übergängen

Wenn es einen Lebenskraft-Stau gibt, muß es eine Blockade geben, einen Damm, ein verschlossenes Tor … Das kann im Fall der Chakren nur ein Zwischenchakra sein.

Da die Impulse vom Herzchakra aus nach außen fließen, muß sich die Blockade, die die Lebenskraft in einem Chakra staut, auf der Außenseite dieses Chakras befinden, d.h. auf der von dem dem Herzchakra abgewandten Seite.

Bei dem Chakra mit dem Lebenskraft-Mangel sollte sich die Blockade hingegen auf der dem Herzchakra zugewandten Seite befinden, da von ihm keine Lebenskraft zu diesem Chakra gelangen kann.

Daraus ergeben sich die folgenden sechs möglichen Konstellationen bei Störungen in den Chakren.

Diese Störungen der psychischen Struktur und somit auch des Wohlbefindens des Betreffenden beeinträchtigen auch die Ausübung der Magie, da die Lebenskraft nicht frei vom Herzchakra nach außen hin fließen und dadurch schöpferisch sein kann.

Phase 1: Störungen im inneren Chakren-Paar

1. der **Star** mit dem Größenwahn:

1.1 Der Lebenskraft-Stau im Sonnengeflecht entsteht durch eine Blockade im Nabel-Zwischenchakra:

- Der Star ist nicht in der Lage, aus seiner Ich-Bezogenheit (Lebenskraft-Stau im Sonnengeflecht) heraus in die Weltbezogenheit (Hara) zu gehen – er bleibt in seinem Größenwahn gefangen und isoliert.

- Die Magie des Stars bleibt im Selbstlob stecken.

1.2. Der Lebenskraft-Mangel im Halschakra entsteht durch eine Blockade im Thymus-Zwischenchakra:

- Der Star hat Angst, seine Aufmerksamkeit auf andere zu richten (Tätigkeit des Halschakras), ihnen zuzuhören und sie wichtig zu nehmen, weil er fürchtet, dann selber zu wenig Aufmerksamkeit zu erhalten zu kommen – also verschließt er sein Thymus-Nebenchakra und schaut nur auf sich selber.

- Der Star ist in der Magie nicht in der Lage, mit anderen zu kooperieren, sondern sieht sie immer nur als Ruhm-Konkurrenten.

=> Der Star wird zu einem großspurigen „Show-Magier" …

2. der **Fan** mit dem Minderwertigkeitskomplex:

2.1 Der Lebenskraft-Stau im Halschakra entsteht durch eine Blockade im Gaumen-Zwischenchakra:

- Der Fan ist nicht in der Lage, aus seiner Du-Bezogenheit (Lebenskraft-Stau im Halschakra) in konkrete Entschlüsse im Gemeinschaftsleben, die mit einer Konfliktbereitschaft verbunden sind (Drittes Auge) zu gehen – er bleibt in seinem Minderwertigkeitskomplex gefangen und isoliert.

- Die Magie des Fans bleibt im Nachahmen seines Ideals stecken.

2.2. Der Lebenskraft-Mangel im Sonnengeflecht entsteht durch eine Blockade im Wunschbaum-Zwischenchakra:

- Der Fan hat Angst, sich selber zu zeigen (Tätigkeit des Sonnengeflechts), weil er fürchtet, verspottet zu werden und sich dann zu schämen. Daher verzichtet er darauf, seine Identität (Herzchakra) zu allgemeinen Wünschen (Sonnengeflecht) werden zu lassen – also verschließt er sein Wunschbaum-Zwischenchakra und wagt nicht, sich selber zu zeigen (Tätigkeit des Sonnengeflechts).

- Der Fan ist in der Magie nicht in der Lage, sich um die Erfüllung seiner eigenen Bedürfnisse zu kümmern – er schaut immer nur auf die Bedürfnisse der anderen.

=> Der Fan wird zu einem Meister-verehrenden „Gefolge-Magier" …

3. der **Täter** in der Angriffshaltung:

3.1 Der Lebenskraft-Stau im Hara entsteht durch eine Blockade im Schamhaar-Zwischenchakra:

- Der Täter ist nicht in der Lage, aus seiner aggressiven Angriffshaltung (Lebenskraft-Stau im Hara) heraus in das konkrete Erleben und die innige körperliche Begegnung (Wurzelchakra) zu gehen – er bleibt in seiner Aggression gefangen und isoliert.

- Die Magie des Täters bleibt im Kampf gegen vermeintliche Feinde stecken.

3.2. Der Lebenskraft-Mangel im Dritten Auge entsteht durch eine Blockade im Gaumen-Zwischenchakra:

- Der Täter hat Angst, die anderen Menschen genauer anzuschauen (Tätigkeit des Dritten Auges), weil er fürchtet, dann selber zu kurz zu kommen und übervorteilt zu werden. Daher verschließt er seine Augen vor dem Anblick der anderen – er blockiert sein Gaumen-Zwischenchakra und wagt nicht, sich zu entspannen und nach außen zu blicken oder gar einem anderen zu vertrauen (Tätigkeit des Dritten Auges).

- Der Täter ist in der Magie nicht in der Lage, seinen ständigen Kampf zu beenden und sein Gefühl der Bedrohtheit loszulassen, was dazu führt, daß er von allen anderen und von der Welt getrennt lebt.

=> Der Täter wird zu einem einsamen „Macht-Magier" …

4. das **Opfer** in der Vermeidungshaltung:

    4.1. Der Lebenskraft-Stau im Dritten Auge entsteht durch eine Blockade im Haupthaar-Zwischenchakra:

        - Das Opfer ist nicht in der Lage, aus seiner ängstlichen Beobachtung der anderen und aus seiner Orientierung an den anderen heraus (Lebenskraft-Stau im Drittes Auge) in eine wirklich offene geistige Begegnung mit anderen (Scheitelchakra) zu gehen – er bleibt in seiner Angst gefangen und isoliert.

        - Die Magie des Opfer bleibt in der Schutzsuche stecken.

    4.2. Der Lebenskraft-Mangel im Hara entsteht durch eine Blockade im Nabel-Zwischenchakra:

        - Das Opfer hat Angst, einen klaren Standpunkt zu beziehen und sich auf seine beiden Füße fest in die Welt zu stellen (Tätigkeit des Hara), weil es fürchtet, dann angegriffen zu werden – also blockiert es sein Nabel-Zwischenchakra, um sein Hara von der Lebenskraft abzuschneiden und „unsichtbar" zu werden.

        - Das Opfer ist in der Magie nicht in der Lage, einen eigenen Lebensentwurf zu erschaffen und zu vertreten, Bindungen einzugehen, sich von anderen zu trennen und dadurch sein eigenes Leben zu gestalten.

        => Das Opfer wird zu einem schutzsuchenden „Gehorsamkeits-Magier" …

5. der **Süchtige** in der Mangel-Fixierung:

5.1. Der Lebenskraft-Stau im Wurzelchakra entsteht durch eine Blockade im „Tor zur Erde"-Zwischenchakra:

- Der Süchtige ist nicht in der Lage, aus seiner Fixierung auf das Erhalten eines bestimmten Erlebnisses (Lebenskraft-Stau im Wurzelchakra) heraus zu einem wirklichen Erleben der Welt zu gelangen – er bleibt in seiner Gier gefangen und isoliert.

- Die Magie des Süchtigen bleibt in einem ewigen, atemlosen Greifen nach der vermeintlichen Erfüllung stecken.

5.2. Der Lebenskraft-Mangel im Scheitelchakra entsteht durch eine Blockade im Haupthaar-Zwischenchakra:

- Der Süchtige hat Angst, auf die Welt und auf die Gemeinschaft aller Lebewesen zu blicken (Tätigkeit des Scheitelchakras) zu blicken, weil er glaubt, daß die anderen ihm dann alles wegnehmen würden – also verschließt er sein Haupthaar-Zwischenchakra, um sein Scheitelchakra von der Lebenskraft abzuschneiden und bleibt letztlich völlig allein in seinem Erleben des endlosen Mangels.

- Der Süchtige ist in der Magie nicht in der Lage, sich als Teil des Ganzen zu erleben und sich dem ganzen zu öffnen, damit das Leben ihm das bringen kann, womit er glücklich werden würde.

=> Der Süchtige wird zu einem ruhelosen „Gier-Magier" …

6. der **Asket** in der Mangel-Verdrängung:

6.1 Lebenskraft-Stau im Scheitelchakra entsteht durch eine Blockade im „Tor zum Himmel"-Zwischenchakra:

- Der Asket ist nicht in der Lage, aus seiner Fixierung auf das Erreichen der Zugehörigkeit zu einer Gemeinschaft durch das Befolgen bestimmter Regeln (Lebenskraft-Stau im Scheitelchakra) heraus zu einer wirklichen Verbundenheit mit der Welt zu gelangen – er bleibt in seinem Verzicht gefangen und isoliert.

- Die Magie des Asketen bleibt in der strikten Befolgung von lebensfeindlichen Regeln stecken.

6.2 Lebenskraft-Mangel im Wurzelchakra entsteht durch eine Blockade im Schamhaar-Zwischenchakra:

- Der Asket hat Angst, auf seinen Unterleib und all seine Bedürfnisse (Tätigkeit des Wurzelchakras) zu schauen, weil er fürchtet, daß ihn dies vom „rechten Weg" abbringen würde – also verschließt er sein Schamhaar-Zwischenchakra, um sich seines großen Mangels (Wurzelchakra) nicht bewußt zu werden.

- Der Asket ist in der Magie nicht in der Lage, seine eigenen Bedürfnisse zu sehen, anzunehmen und sich zu erfüllen.

=> Der Asket wird zum intoleranten „Weltverbesserer-Magier" …

Diese etwas ausführlichere Darstellung der Wirkung von blockierten Zwischenchakren zeigt deutlich, daß es in der Magie notwendig ist, offene Tore zwischen den sieben Hauptchakren zu haben, da sich die Identität im Herzchakra sonst nicht in den Handlungen und Haltungen des Betreffenden ausdrücken kann – was letztlich das Ziel jeglicher Magie ist.

In der Tabelle unten sind die sechs hier dargestellten polarisierten Magier-Typen mithilfe von Gestalten aus der „Harry Potter"-Reihe veranschaulicht. Hinzu kommen noch die drei heilen Magier-Typen sowie die Variante von Magiern, die ständig zwischen den beiden Extremen eines Chakren-Paares hin- und herwechselt.

Einige der angeführten Gestalten haben auch Eigenschaften anderer Polarisierungs-Typen als des Typus, bei dem sie angeführt worden sind.

die Polarisierungs-Typen in „Harry Potter"				
Bereich	*Zustand*			
	heil	*zu laut (Stau im unteren Chakra)*	*zu leise (Stau im oberen Chakra)*	*Wechsel zwischen zu leise und zu laut*
Sonnengeflecht + Halschakra (Selbstliebe)	selbsttreu	Star	Fan	Star/Fan
	Harry, Hermine, Cedric	Lockhard, Muriel	Dobby, Doge	Ron
Hara + Drittes Auge (Kraft)	in der Kraft	Täter	Opfer	Täter/Opfer
	Dumbledore, Hagrid, Lily, Krum, Fleur, Mad-Eye	Voldemort, Bellatrix, Umbridge	Wormtail, Neville, Lupin	Severus Snape, Sirius Black, Lucius, Draco, Narcissa
Wurzelchakra + Scheitelchakra (Fülle)	genießend	Süchtiger	Asket	Süchtiger/Asket
	Slughorn	Bagman, Dudley	Crouch, Petunia, McGonagal	Fudge, Tonks

II 10. c) Die Entstehung eines Traumas

Ein Trauma ist die intensivste Blockade eines Zwischenchakras.

Ein Trauma kann in einer sehr bedrohlichen Situation entstehen. Dieser Vorgang hat sieben Schritte:

1. Eine Gefahrensituation tritt auf: Angriff von einem Bären, Raubüberfall, Vergewaltigung, Absturz in den Bergen usw.

2. Es wird spontan entschieden, was am erfolgversprechendsten ist:

a) Kampf (Angriff/Verteidigung) oder

b) Flucht

Sollte beides nicht möglich oder erfolgversprechend sein, tritt Fall c) ein:

c) Aufgeben

3. Wenn man seinen Körper aufgibt, verläßt man mit seinem Bewußtsein seinen eigenen Körper – es hat keinerlei Vorteile, bewußt mitzuerleben, wie man z.B. von einem Bären gefressen wird. Das ist dann ein Nahtod-Erlebnis, eine Astralreise: Das Bewußtsein befindet sich außerhalb des Körpers und schwebt über ihm. Daher stammt das Motiv des Seelenvogels.

4. Wenn man tatsächlich stirbt, war's das … Wenn man jedoch überlebt, kehrt das Bewußtsein („Astralkörper") in den Körper zurück.

5. An dieser Stelle gibt es wieder drei Möglichkeiten der weiteren Entwicklung:

a) Der Betreffende fängt an zu zittern, zu weinen, zu schreien o.ä. und baut dadurch das Hormon Adrenalin ab, das durch den Schock und die höchste Alarmstufe durch seine Nebennieren in seinem Körper ausgeschüttet worden ist. Dann ist er in den Normalzustand zurückgekehrt.

b) Jemand hindert den Betreffenden daran, diesen Adrenalin-gefüllten Schock-Zustand durch Zittern, Schreiben, Weinen u.ä. abzubauen. Dann entsteht im Körper eine „Adrenalin-Konserve", d.h. ein Trauma.

c) Der Betreffende kann den Schockzustand auflösen, aber das Schock-Erlebnis wiederholt sich mehrere Male. Das führt dazu, daß sich der Schock-Zustand schließlich nicht wieder auflösen kann, weil man bereits die nächste Gefahren-Situation erwartet. Dies ist die zweite Möglichkeit einer Trauma-Entstehung.

6. Im „Keller der Psyche", also im Unterbewußtsein, befindet sich nun ein ständiges Bild der existentiellen Bedrohung, das das Verhalten des Betreffenden in großem Maße beeinflussen kann. Diese „Adrenalin-Konserve im Keller der Psyche" steht auf einem der „Zwischenchakra-Regalbretter" im Keller. Dieses Trauma bleibt so lange bestehen, wie es nicht gezielt aufgelöst

wird – zumindest scheinen keine Trauma-Spontanheilungen bekannt zu sein (es ist allerdings auch fraglich, ob eine solche Heilung überhaupt von ärztlicher Seite bemerkt werden würde).

7. Wenn der Betreffende erkennt, daß er in seinem Handeln eingeschränkt ist, kann er entweder aus sich heraus oder mit Hilfe von anderen sein Trauma heilen.

Die Traumaheilung kann ein schlichter Vorgang sein, aber er ist in den meisten Fällen ein komplexer Prozeß. Er hat in der Regel vier Stufen:

1. Es wird erkannt, daß ein Trauma vorliegt, also eine Blockade des freien Flusses der Lebenskraft im Körper des Betreffenden – in dem „Keller der Psyche" des Betreffenden steht eine „Adrenalin-Konservendose" auf einem Regalbrett und rappelt laut und panisch vor sich hin und versetzt die ganze Psyche in einen leichten Panikzustand, der jederzeit akut werden kann. Dies ist das Erkennen, das die Grundlage eines jeden Entschlusses ist.

2. Man tastet sich durch Fragen, Betrachtungen, Traumdeutungen, Traumreisen u.ä. allmählich an das Trauma heran und kann das Trauma-Thema, also das Erlebnis, das das Trauma ausgelöst hat, schließlich recht gut beschreiben. Dabei sieht sich der Betreffende in dieser Situation – in dem Alter, das er damals gehabt hat. Dies ist das „Schauen".

3. Der Betreffende nähert sich an die Gefühle in dem Trauma an. Das ist beim ersten mal oft recht schwierig und bedrohlich, aber wird nach und nach einfacher. Dabei ist es wichtig, Kontakt zu den Gefühlen, die in dem Trauma eingesperrt sind, aufzunehmen, aber gleichzeitig immer den Kopf über Wasser zu behalten. Eine erneute Panik hilft nicht weiter, sondern nur ein vorsichtiges Vertrautwerden mit den Gefühlen. Dies ist das „Fühlen".

4. Schließlich kann der Betreffende ganz in das Trauma hineingehen und sich selber umarmen – also die Gestalt von ihm, die das damalige Alter hat. Dies ist das „Umarmen", die Befreiung des eingesperrten Adrenalins, die Wiederintegration des Angstbildes in die eigene Psyche, das „Öffnen der Konservendose auf dem Kellerregel".

Die drei Heilungschritte sind „scheuen – fühlen – umarmen", also „erkennen – akzeptieren – integrieren".

Die Blockade in einem der zwischen Chakren ist die Konservendose und der Lebenskraft-Stau, der dadurch in einem der sechs äußeren Hauptchakren entsteht, ist der Druck in dieser Konservendose. Dadurch, daß (fast) die gesamte Lebenskraft eines Chakrenpaares in einem der beiden betroffenen Chakren gestaut wird, entsteht in dem anderen Chakra ein Lebenskraft-Mangel.

Man kann daher an einer anderen Stelle des „Kellers der Psyche" des Betreffenden auch eine leere Konservendose finden, die das Gefühl eines ständigen Mangels hervorruft …

Es ist naheliegend, daß ein solches Trauma nicht nur die Psyche des Betreffenden in hohem Maße beeinflußt, sondern auch die Magie, die der Betreffende ausübt. Ein Trauma kann zu der Fixierung auf ein bestimmtes Thema und auch auf eine bestimmte Angst führen und dadurch die Magie des Betreffenden sowohl beeinträchtigen als auch ablenken oder sogar ganz in die Trauma-Richtung zwingen.

Zudem wird ein Trauma in den meisten Fällen auch verhindern, daß die Lebenskraft frei vom Herzchakra nach außen hin fließen kann – was die Grundvoraussetzung für eine freie und effektive Magie ist.

Die Auflösung der Blockaden an den Zwischenchakren führt zu einer deutlichen Steigerung der Effektivität der Magie.

Es gibt zwei Arten von Traumas, die sich von ihrer Wirkung her unterscheiden:

> 1. Die eine Art des Traumas bleibt mehr oder weniger auf das ursprüngliche Angst-Thema beschränkt und zeigt sich nur dann, wenn dieses Thema im Leben des Betreffenden auftritt. Der Betreffende wird dann auch nur bei magischen Unternehmungen, die sich auf dieses Thema beziehen, Schwierigkeiten haben.

> 2. Die andere Art des Traumas weitet sich zunehmend aus und zieht immer mehr Themen in den „Angst-Kreis" hinein: Das Rappeln der einen Adrenalin-Konservendose auf dem Regalbrett im Keller der Psyche bringt nach und nach auch alles andere, was sich in diesem Keller befindet, zum Rappeln. Dieser allgemeine Unruhezustand kann sich bis zur Handlungsunfähigkeit des Betreffenden ausweiten – was natürlich auch die Effektivität der Magie dieses Menschen massiv einschränken wird.

Diese beiden Möglichkeiten sind natürlich nur die beiden Extrem-Varianten. Sie sind zwar am häufigsten, aber es gibt natürlich auch Varianten, die dazwischen liegen und bei denen nicht die gesamte Psyche ständig „rappelt" und „unter Strom steht", sondern bei denen sich die Trauma-Panik lediglich auf zwei, drei andere Themen ausgeweitet hat.

II 11. Zusammenfassung: der Dreischritt

Nachdem der Dreischritt nun etwas ausführlicher betrachtet worden ist, kann man nun seine einzelnen Aspekte genauer beschreiben. Diese Aspekte sind:

1. Innen (Quelle, Bewußtsein, Tiefschlaf-Zustand, Herzchakra)
   - Übergang 1 (Wunschbaum- und Thymus-Zwischenchakra)

2. Phase 1 (Sonnengeflecht, Halschakra)
   - Übergang 2 (Nabel- und Gaumen-Zwischenchakra)

3. Phase 2 (Hara, Drittes Auge)
   - Übergang 3 (Schamhaar- und Haupthaar-Zwischenchakra)

4. Phase 3 (Wurzelchakra, Scheitelchakra)
   - Übergang 4 („Tor zur Erde", „Tor zum Himmel")

5. Außen (Materie)

Dazu kommen noch zwei weitere Aspekte:

6. Entwicklung

7. Besonderheiten

Innen
(Herzchakra)

Bewußtsein

Hier findet sich das reine Bewußtsein, also das Bewußtsein ohne Inhalte, zu dem man im Tiefschlaf und in der Stille-Meditation zurückkehrt. Dies ist die Innenseite der Welt, die natürlich an jeder Stelle mit ihrer Außenseite verbunden ist, aber hier wird nur die Innenseite betrachtet.

Im Großen gesehen ist dieses Bewußtsein der Eine Gott.

Materie

Dieses Innen ist die Singularität vor dem Urknall.

Übergang 1
(Wunschbaum- und Thymus-Zwischenchakra)

Bewußtsein

Hier wird die Identität zu Impulsen konkretisiert. Die erste dieser Konkretisierungen ist die Inkarnation der Seele bei der Zeugung ihres Körpers durch ihre zukünftigen Eltern. Hier geschieht alles auf einmal – Inkarnation oder nicht Inkarnation (es gibt keine „halbe Inkarnation").

Im Großen gesehen entstehen an diesem Übergang aus dem Einen Gott die vielen Gottheiten. Dieser Übergang wird auch „Erste Ursache" genannt.

Materie

Dies entspricht dem Urknall und der heftigen Ausdehnung des Weltalls gleich nach dem Urknall („inflationäres Weltall").

Phase 1
(Sonnengeflecht und Halschakra)

Bewußtsein

In der Phase 1 ist alles miteinander verbunden und wirkt uneingeschränkt und hemmungslos. Daher ist dieser Zustand einheitlich und stabil. In diesem Bewußtsein stehen alle Inhalte gleichberechtigt nebeneinander – alles ist sichtbar und alles wirkt.

Alles ist ein Teil des Ichs, alles ist von Selbstliebe erfüllt und auf seinen Ursprung in der eigenen Seele im Herzchakra bezogen – ein vollkommener Ausdruck der Seele. Dieser Bereich ist vollkommen Innen-bestimmt und vollkommen unabhängig vom Außen. Er ist Seelen-zentriert.

Dieser Zustand ist schöpferisch, er ist ein Wollen, eine Konzentration, eine Vorfreude – der Zustand eines in seinem Bereich allmächtigen Königs.

Hier findet sich eine hemmungslose Selbstbejahung.

Die „3" symbolisiert Selbstausdruck in organischer Form.

Die „6" symbolisiert eine Gruppe von Gleichgesinnte und Verbündeten – sie ist ein Helfer der „3".

Materie

In dieser Phase besteht das Weltall nur aus Licht, das sich vollkommen ungehindert bewegen kann, da es noch keine Materie gibt, die das Licht beeinflussen könnte.

112

Übergang 2
(Nabel- und Gaumen-Zwischenchakra)

Bewußtsein

Hier entstehen aus den allgemeinen Wünschen der Phase 1 die konkreten Wünsche der Phase 2. Dies ist nur möglich, solange die Intensität der Impulse groß genug ist.

Im Großen gesehen entstehen an diesem Übergang aus den Gottheiten viele Seelen, die sozusagen „Tropfen aus dem Meer einer Gottheit" sind. Dieser Übergang wird auch „Abgrund" genannt.

Materie

In der Entstehung des Weltalls entspricht dies der Verdichtung und Abkapselung der Energie zu Materie. Dies ist nur möglich, solange nach dem Urknall die Energiedichte im Weltall noch groß genug ist.

Phase 2
(Hara und Drittes Auge)

Bewußtsein

Die Phase 2 ist weniger stabil als die Phase 1, da sie sowohl Innen-geprägt als auch Außen-geprägt ist. Hier werden die aus der Seele kommenden Impulse (Phase 1) anhand der Möglichkeiten in der Welt konkretisiert – weshalb sich diese Konkretisierungen auch immer wieder einmal ändern können.

In diesem Zustand werden Inhalte ausgewählt, die in das Bewußtsein aufgenommen werden – diejenigen, die für die augenblickliche Situation von Bedeutung sind.

Man nimmt an und lehnt ab, man sagt „Ja" und sagt „nein". Hier findet sich ein differenziertes Bewerten aller Dinge – und ein entsprechendes Handeln. Da es um das Umsetzen dessen geht, was man gewählt, ist „Kraft" hier der zentrale Begriff – neben der Klarheit, die man für das Erkennen der Situation benötigt.

Es werden Situationen gestaltet und tragfähige Strukturen erschaffen. Man wiederholt angenehme Dinge und bewährte Strategien. Durch den so erlangten Erfolg entsteht Freude.

Dieses kreative Gestalten erstreckt sich auch auf das Bewirken von Magie.

Die „2" symbolisiert den Ergänzungsgegensatz und den Rhythmus.

Die „4" symbolisiert den Raum, die Freiheit und die klare Form – sie ist ein Helfer der „2".

Materie

In dieser Phase ist das Weltall sozusagen noch eine einzige große Sonne, in der die Materie und die Energie (Licht) vollkommen gleich verteilt ist – es überall gleich dicht, heiß und hell.

Übergang 3
(Schamhaar- und Haupthaar-Zwischenchakra)

Bewußtsein

Aus den konkreten Wünschen werden hier konkrete Handlungen und somit auch konkrete Erlebnisse. Hier gibt es wechselhafte Vorgänge – Aktivität und Ruhe.

Im Großen gesehen entsteht an diesem Übergang aus der Seele die Psyche. Dieser Übergang wird auch „Graben" genannt.

Materie

An diesem Übergang entsteht eine unterschiedliche Verteilung des Lichtes im Weltall sowie die Atome mit einer Elektronenhülle.

Phase 3
(Wurzelchakra und Scheitelchakra)

Bewußtsein

In Phase 3 wird alles auf einen einzigen Punkt hin ausgerichtet: die einsgerichtete Präsenz im Hier und Jetzt. Diese Phase ist am wenigsten stabil bzw. beständig, da sie sich stets auf den Augenblick bezieht – diese Phase ist durch eine große Beweglichkeit gekennzeichnet.

Hier hat das Bewußtsein nur einen einzigen Inhalt und kann daher den Ekstase-Zustand erreichen. Man stimmt der Situation zu und genießt den Augenblick. Dadurch ist man mit dem, was da ist, verbunden – man lebt in Fülle. Man ist hat Kontakt zur Welt, man ist mit ihr assoziiert, man erlebt Gemeinsamkeit.

Dabei prägt man von Innen her das, was im Außen ist, mit.

Die „1" symbolisiert Zentrierung, Eindeutigkeit und Einsgerichtetheit.

Die „5" symbolisiert Ordnung, gesunde Spannung und Heilung – sie ist ein Helfer der „1".

Materie

In der Evolution des Weltalls endet hier das thermische Gleichgewicht, also der homogene Zustand der einen „Sonne", die das gesamte Weltall ausfüllt – es entstehen Atome, die sich zu Galaxien, Sternen, Planeten und Monden zusammenfügen und dazwischen entsteht leerer Raum.

Übergang 4
(„Tor zur Erde" und „Tor zum Himmel")

Bewußtsein

Dies ist der Kontakt nach Außen, das Wirken auf die Materie – sowohl physisch durch die Sinne und die Glieder als auch magisch durch Telepathie und Telekinese.

Dieser Übergang findet nur dann statt, wenn die Motivation hoch genug und „punktförmig" geworden ist.

Im Großen gesehen entsteht an diesem Übergang aus der Psyche der physische Körper bzw. der Körper wird durch die Psyche geprägt (z.B. Entstehung von Krankheiten und ihre Heilung). Dieser Übergang wird auch „Schwelle" genannt. Die Psyche hat nur dann eine Wirkung in der materiellen Welt, wenn sie eine Sache „auf den Punkt bringt".

Materie

Dies ist die Verdichtung der Materie bis zu dem kritischen Punkt, an dem die „Stabilität" der Atome nicht mehr der riesigen Schwerkraft der großen Materie-Ansammlung (Riesen-Sterne) standhalten kann.

Dieser Übergang kann nur stattfinden, wenn in einem Galaxie-Zentrum eine ausreichende Materie-Dichte vorhanden ist. Dieser Zustand muß erst einmal erreicht werden. Dann kondensiert die gesamte betroffene Materie (eine Riesen-Sonne) zu einem Punkt.

Außen
(Materie)

Bewußtsein

Hier findet sich nur die Materie ohne Bewußtsein, also nur die Außenseite der Welt. Sie ist natürlich an jeder Stelle mit ihrer Innenseite verbunden, aber hier wird nur die materielle Außenseite betrachtet.

Materie

In der Evolution des Weltalls hat sich nun in den Zentren der Galaxien soviel Materie angesammelt, daß aus ihnen Schwarzes Löcher entstehen können, in denen die gesamt in ihnen enthaltene Materie zu einem einzigen Punkt kollabiert.

die Übergänge allgemein

An den Übergängen entstehen neue Formen – wenn in dem ihm vorausgehenden Bereich eine genügend hohe Intensität herrscht. Bei dem 1. Übergang ist das immer der Fall, bei dem 2. Übergang nur eine bestimmte Zeit lang, bei dem 3. Übergang wechselt dies rhythmisch, und bei dem 4. Übergang muß diese Intensität erst einmal erreicht werden.

An den Übergängen wird von innen nach außen hin gesehen die Identität konkretisiert, wobei jeweils ein Teil der Freiheit verlorengeht, aber dafür die Intensität und die Eindeutigkeit zunimmt.

Die vier Übergänge im Chakrensystem (Zwischenchakren) sind mit den vier Übergängen auf dem Lebensbaum (Erste Ursache, Abgrund, Graben, Schwelle) identisch – beide Systeme beruhen auf dem Dreischritt, also auf der Folge der drei Phasen.

Die neuen Formen haben innen und außen die Form eines zwölfgeteilten Kreises – innen den astrologischen Tierkreis und außen den Superstring.

Die „12" symbolisiert den jeweils nächsten Schritt, die nächste Entwicklung und Verwandlung sowie den Fluß des Lebens.

Die Zwischenchakren sind die Orte im Chakrensystem, die auch für die Magie am wichtigsten sind.

Entwicklung

Die Identität entfaltet sich in drei Phasen, die unterschiedliche Qualitäten haben. Dabei ist die erste Phase der hemmungslosen Selbstliebe stets der Rückhalt – und die Phase 1 ruht wiederum in der Identität, die einfach ist, was sie ist.

Der Weg von Innen nach Außen beginnt mit einer vollkommenen Selbstbezogenheit (Phase 1) und entwickelt sich über die Begegnung von Innen und Außen (Phase 2) zu einer vollkommenen Präsenz in der Welt (Phase 3). Daher ist die Phase 1 immer gleich (da sie sich auf die Identität bezieht), während sich die Phase 2 allmählich entsprechend dem Kennenlernen der Welt und der Möglichkeiten, die sie gerade bietet, weiterentwickelt – in der Phase 3 findet sich schließlich das Erleben der Welt, also eine ausgeprägte Welt-Bezogenheit und somit ein ständiger Wandel.

Die Phase 1 enthält alle Inhalte des Bewußtseins, die Phase 2 die, die im Augenblick relevant sind und die Phase 3 nur einen einzigen Inhalt: das augenblickliche Erleben. Das kann man als eine zunehmende Einschränkung der Aufmerksamkeit auf ein einziges Ding im Außen auffassen. Dabei entstehen zunehmend Struktur, Ausrichtung, Konkretisierung, Nähe zur Welt, und das Erleben des Außen.

Von 'Phase 1' zu 'Phase 3' hin gibt es insgesamt vier Entwicklungen:

- Die Bewegungs-Geschwindigkeit sinkt von der Lichtgeschwindigkeit über eine kleine Geschwindigkeit auf „0". => Die Intensität und der Freiheitsgrad sinkt – auch in der Psyche.

- Die Festigkeit nimmt von „formlos" über „geformt" zu „punktförmig" zu. => Die Dinge werden konkreter – auch in der Psyche.

- Die Größe schrumpft von „Weite" über „Begrenztheit" zu „Punkt". => Die Dinge werden kleiner – auch in der Psyche.

- Die Masse nimmt von „winzig" über „normal" bis hin zu „fast endlos" zu. => Die Dinge werden wirksamer – auch in der Psyche.

- Das Bewußtsein umfaßt immer weniger Dinge und wird dafür aber immer intensiver. => Die Dinge werden intensiver wahrgenommen – auch in der Psyche.

Dieser Prozeß erschafft einen Raum, in dem man sich bewegt, sowie soziale Organismen, an denen man teilhat.

Dies ist ein Schöpfungvorgang, eine magische Handlung. Das größtmögliche Hindernis bei diesem Vorgang ist die Entstehung eines Traumas, also die Blockierung eines Zwischenchakras, d.h. ein „Lebenskraft-Krampf".

Die Übung der Mittlere Säule dient dem Verstärken des Strahlens, also dieses

Konkretisierungs-Prozesses. Dadurch wird auch die Identität im Herzchakra im intensiver und markanter konkretisiert.

Besonderheiten

Auf dem Lebensbaum und in der Superstringtheorie sind die 3 Phasen jeweils noch einmal in 3 Unterphasen unterteilt worden, sodaß sich zusammen mit „Innen" und „Außen" elf Bereiche ergeben.

Viele Dreischritt-Systeme haben zwei Richtungen: Tummo und Bindhu, Blitz und Schlange, Urknall und Energie/Materie /Schwarzes Loch, Geburt und Tod, Schlange und Adler, Schöpfung und Erkenntnis …

Da sich alle Dinge als Lebensbaum darstellen lassen, haben auch alle Dinge einen Dreischritt in sich.

III   Die Anwendung des Dreischritts in der Magie

Nachdem der Dreischritt nun betrachtet und grundlegend charakterisiert worden ist, läßt er sich auch gezielt auf die Magie anwenden.

III 1.   Die Heilung der Chakren

Da die Magie darin besteht, daß das Bewußtsein eine materielle Wirkung hat, ist es für die Magie von grundlegender Bedeutung, evtl. Blockaden und Traumas in den Zwischenchakren sowie Angst-, Sucht- und Mangelbilder in den sechs äußeren Hauptchakren aufzulösen und zu heilen.

III 1. a)   Chakra-Meditationen

Die einfachste und undifferenzierteste Methode der Chakrenheilung ist die folgende Meditation:

    - beim Einatmen:
            - sich vorstellen, Licht einzuatmen und es in das Chakra zu leiten
            - innerlich „Leben" sprechen

    - beim Ausatmen:
            - sich vorstellen, daß das Licht in dem Chakra aufleuchtet
            - innerlich „Leben" sprechen

Man kann beim Einatmen auch den Namen einer Gottheit oder der eigenen Seele sprechen – das ist dann eine Bitte an diese Gottheit bzw. an die eigene Seele, einem Licht (Lebenskraft) zu geben.

Man kann beim Ausatmen innerlich auch ein Wort sprechen, daß den heilen Zustand des betreffenden Chakras beschreibt. Die Liste unten enthält Vorschläge für ein solches Chakra-Mantra. Man kann natürlich auch die klassischen Chakra-Mantren aus dem Yoga benutzen:

Chakra-Mantren		
Chakra	*Mantra-Vorschlag*	*klassisches Mantra*
Scheitelchakra	Licht	Ang
Drittes Auge	Wille	Aum
Halschakra	Ausdruck	Ham
Herzchakra	Liebe	Yam
Sonnengeflecht	Strahlen	Ram
Hara	Halt	Vam
Wurzelchakra	Leben	Lam

III 1. b)   Die Herzmeditation

Die Herzmeditation ist eine Meditation, durch die man Kontakt zu seiner eigenen Seele findet. Es gibt in fast jeder Religion Anleitungen zu diesem Erlebnis – von der Traumreise zur eigenen Mitte über die Visionssuche bis hin zu den Mysterienkulten.

Die einfachste Form ist die Mantra-Meditation mit den beiden Worten „Seele – Liebe". Auch die Traumreise zur eigenen Mitte ist sehr hilfreich. Eine dritte Form, die eine wichtige Ergänzung zu diesen beiden Varianten ist, ist die Stille-Meditation („Zen"), in der man nur noch ein Bewußtsein ohne Inhalte ist, das sich lediglich seiner selber bewußt ist.

Die Stille ist die Substanz der Seele – die Erlebnisse auf der Traumreise zu Mitte sind das Bild der Seele und die Herzmeditation ist die Verankerung der Seele im Alltag.

Bei der Herzmeditation ist es wichtig, daß man sich nach einer Weile wirklich danach sehnt, die eigene Seele zu finden und sie zu leben – ohne das Gefühl kommt nichts wirklich in Gang … nur das Bild oder das Konzept reichen nicht (da fehlt dann die 'Phase 1').

III 1. c)   Die Erweckung der Kundalini

Auch die Erweckung der Kundalini ist ein eher komplexes Thema. Die einfachste Form ist das Mantra „Feuer – Feuer" und die Imagination eines kleinen feuerroten, glühenden Kegels im Wurzelchakra, der mit seiner Spitze nach oben zeigt.

Die Herzmeditation fördert das Strahlen der Seele und ist der zentralen Steuerung des Körpers durch das Gehirn vergleichbar.

Die Kundalinimeditation verbindet alle Teile des Lebenskraftkörpers miteinander und ist dem Blutkreislauf vergleichbar.

III 1. d)   Die individuelle Chakra-Heilung

Ein derart komplexes Thema, das die gesamte Psyche und auch das Horoskop miteinbezieht, kann man natürlich nur grob skizzieren. Es gibt zwar einige Elemente, die recht sicher auf jedem Heilungsweg auftreten werden wie die Wahrnehmung der Chakren oder das Heilen von evtl. vorhandenen Traumas, aber letztlich muß sich jeder seinen individuellen Weg suchen.

III 2.   Eine einzelne magische Handlung

Man kann nun einmal eine einzelne magische Handlung betrachten. Welche Schritte hat sie? Welche Bedeutung hat welcher Schritt? Worauf sollte man dabei achten?

III 2. a)   Identität   (Quelle)

Idealerweise liegt die Wurzel einer magischen Handlung in der eigenen Identität, also in dem was man wirklich ist – in der eigenen Seele, in der Stille des Bewußtseins im Herzchakra, das keine Inhalte hat, sondern sich nur seiner selber bewußt ist.

An dem Eingang zum Orakel von Delphi standen zwei Sprüche: „Erkenne Dich selbst." und „Nichts im Übermaß." Der erste Spruch bezieht sich auf die Seele, der zweite auf die Vermeidung bzw. Auflösung aller Polarisierungs-Extreme in der Psyche.

Ob eine magische Handlung letztlich dem Herzchakra entspringt oder nicht, läßt sich leicht feststellen: Wenn die magische Handlung Erfolg hat und man ihre Früchte genießen kann, hat sie Wurzeln gehabt, die bis ins Herzchakra reichen …

Die Konzentration auf das Herzchakra ist die Haltung des Yogi.

III 2. b)   allgemeiner Wunsch   (Phase 1)

Der zweite Schritt ist auch in der Magie der allgemeine Wunsch. Dies erscheint beim Zaubern als das Gefühl, als das Bedürfnis, als die Motivation, die zu einer hohen Konzentration auf das Ziel führt.

Wenn man sich für die Konzentration auf die Imagination des Zieles anstrengen muß, stimmt was nicht mit dem Ziel. Wenn das angestrebte Ziel fest in dem Herzchakra verankert ist, fällt die Konzentration auf das Ziel und die Imagination des Zieles leicht – es wäre eher schwierig, es nicht anzustreben.

Allerdings führt auch die Fixierung auf ein polarisiertes Extrem zu einer hohen Konzentration und zu einer ständigen Imagination. Diese Einsgerichtetheit hat jedoch etwas Zwanghaftes und wird von Gefühlen des Mangel (Polarisierung in Phase 3), der Angst (Polarisierung in Phase 2) oder der Selbstzweifel (Polarisierung in Phase 1) begleitet.

Um den allgemeinen Wunsch zu klären, hilft es, einen Schritt zurückzugehen und mehrmals die Stille-Meditation durchzuführen.

Die Konzentration auf die Phase 1 ist die Haltung des Tänzers und des Sängers.

III 2. c) konkreter Wunsch (Phase 2)

Man kann in der Magie zwei Arten von konkreten Wünschen haben:

In dem einen Fall besteht die Konkretisierung lediglich darin, daß man eine bestimmte Art von Erlebnis haben will (eine Beziehung finden, mehr Geld, Gesundheit usw.).

In dem zweiten Fall führt die Konkretisierung sehr viel weiter und es wird die Beziehung mit einer bestimmten Person gewollt, das Geld will man auf eine bestimmte Weise erhalten, man will auf eine ganz konkrete Art gesund werden usw.
In diesem zweiten Fall sind die Hindernisse größer: Will die andere Person überhaupt eine Beziehung mit einem haben? Ist in der Quelle, aus der heraus man reich werden will, eigentlich genügend Geld vorhanden? Braucht der eigene Körper zum Gesunden eigentlich das, was man sich selber vorstellt?
Es kommt hier evtl. zu Konflikten mit anderen Menschen, die etwas anderes wollen, oder auch mit Umständen, die die Erfüllung des magischen Wunsches schwierig machen.
Es wird also möglicherweise eine „Kampf-Magie" gebraucht, die sich gegen den Willen der anderen durchsetzt. Die Frage ist allerdings, ob man dadurch letztlich das erreicht, was man haben wollte – und ob man es auf eine Weise erhält, die man genießen kann.

Die Konkretisierung hat noch einen anderen Aspekt: Durch die Konkretisierung gibt man dem allgemeinen Wunsch eine Form, man legt einen Zeitpunkt fest – man erdet den allgemeinen Wunsch.
Diese Form-geben enthält in vielen Formen der Magie auch den Aspekt der Auswahl von Analogien, die den Wunsch stärken sollen. Dies ist nicht unbedingt notwendig, aber durchaus hilfreich. Diese Analogien, die als Talisman, als Ritualaufbau, als Symbol, als angerufene Gottheit usw. erscheinen können, sollten möglichst genau mit dem Ziel, das man verfolgt, übereinstimmen.
Diese Form kann sich jedoch durchaus auf den Beschluß, daß man etwas jetzt will,

reduzieren. Dabei ist die dann Überzeugung, daß man genau das Richtige tut, daß die magische Handlung genau das ist, was man will, die Form, die die magische Handlung braucht.

Dieses Gefühl von Absicht, Entschlossenheit und Richtigkeit entstehen letztlich aus dem Herzchakra heraus: Man läßt das zur Handlung und zur Haltung werden, was man ist. Wenn die eigene Identität frei als allgemeiner Wunsch durch die Phase 1 fließen kann, dann wird in Phase 2 nicht viel Form benötigt – dann reicht es, wenn man sagt, was man will … oder einfach handelt. Wenn dieses freie Fließen erreicht wird, wird die Magie sehr schlicht und zugleich sehr effektiv. Dann kann die „gewöhnliche Magie" zu „außergewöhnlicher Magie", d.h. zu „Wundern" wie Materialisierungen, Levitation, Verwandlungen von Gegenständen u.ä. werden.

Die Konzentration auf die Phase 2 ist die Haltung des Jägers und des Kriegers.

III 2. d) Hier und Jetzt   (Phase 3)

Diese Phase ist das Erden. Dies ist oft nur eine kleine Geste oder ein kleines Wort, das zunächst nicht kaum auffällt – das Amen in der Kirche, das „Ho!" in der Schwitzhütte, das kabbalistische Kreuz am Ende eines Rituals, das Berühren der Erde mit der Spitze des rechten Zeigefingers durch Buddha Akshobhya usw.

Diese Geste oder dieses Wort sind klein, aber wesentlich – sie sagen „hier" und „jetzt" und „ja" – sie sind der Punkt am Ende des Satzes, die Unterschrift unter dem Gesagten.

Manchmal ist dieses Erden auch das Tun selber wie z.B. in der Kampf-Magie, in der es keine Rituale gibt, sondern nur das Tun selber.

Diese „magische Unterschrift" sollte aufrichtig sein, denn sonst wird es Probleme geben. Wenn sich daran etwas komisch anfühlt, sollte man sich noch einmal den Entwurf für die magische Handlung genau durchlesen, bevor man ihn „unterschreibt". Dieser „Entwurf" ist die Form, die man in Phase 2 erschaffen hat. Wenn eine Korrektur dieser Form dazu führt, daß man sich wieder wohlfühlt, ist es o.k. – wenn das nicht ausreicht, sollte man zu den Gefühlen in Phase 1 zurückkehren oder auch ganz zur Quelle im Herzchakra.

Die Konzentration auf die Phase 3 ist die Haltung des Kindes und des Genießenden.

III 3. Magie-Formen und ihr Bezug zu dem Dreischritt

Es gibt viele verschiedene Formen der Magie. Sie unterscheiden sich u.a. auch dadurch, welche der drei Phasen sie betonen.

III 3. a) Quelle

Das Herzchakra ist nur bei wenigen Formen der Magie der Schwerpunkt, obwohl dies eine wirkungsvolle Form der Magie ist – aber eben eine sehr undramatische.

Herzchakra-Magie

Die Magier, die das Herzchakra als Schwerpunkt ihrer Magie gewählt haben, treten kaum als Magier in Erscheinung, da sie selber kaum einmal gezielt ihre Lebens-umstände aktiv gestalten. Sie ruhen in sich und sind sich ihrer selber gewiß und strahlen dies in die Welt aus, die sich dann von selber so gestaltet, daß sie dem entspricht, was diese Magier sind und was sie erleben wollen.

Man kann sowohl den Standpunkt vertreten, daß dies keine Magie mehr ist, als auch den Standpunkt, daß dies die einzig wirklich effektive Magie ist. Dem, der sich so verhält, wird diese Frage vermutlich ziemlich egal sein …

Taoismus

Im Taoismus gibt es als erstes den Fluß des Lebens: das Tao.

Als zweites gibt es das „Nicht-Tun" als das sinnvolle Verhalten: das „Wu-Wei. Damit ist gemeint, daß man sich nicht gegen das Leben stellt – und nicht gegen die eigene Wahrheit.

Durch dieses Verhalten entsteht eine magische Wirkung, ein Einklang zwischen sich selber und der Welt und dem Leben: das Tê.

Außer Lao-tse und Tschuang-tse selber, von denen die heute bekannte Form des Taoismus abstammt, hat es auch in jüngerer Zeit einige bekanntere Gestalten gegeben, die starke taoistische Charakterzüge haben. Dies sind vor allem „Mister Miyagi" aus „The Karate-Kid" und „Meister Yoda" aus „Star-Wars". Interessanter-weise haben auch einige Tiere in Comics wie der Hund „Snoopy" oder das Fantasie-wesen „Marsupilami" einen ausgeprägt taoistischen Charakter.

III 3. b)   Phase 1

Die Phase 1 ist durch Egozentrik, Egoismus, Selbstbezogenheit, Selbstliebe usw. geprägt: Man ist vollkommen auf das ausgerichtet, was man in seinem Leben ausdrücken will.

Wenn es in dieser „Phase der Selbstliebe" ein Problem gibt, entstehen Selbstzweifel und dadurch auch der „Star" und der „Fan".

Anrufung

Ein typisches Element dieser Phase ist die Anrufung einer Gottheit, eines Geists, eines Dämons, der eigenen Seele usw. Damit ist allerdings kein traditionelles, formales und sachliches Vortragen eines Textes gemeint, sondern eine inbrünstiges Gebet, eine flehentliche Bitte, eine ekstatische Identifizierung mit einer Gottheit (Invokation) usw.

Für diese Form der intensiven Gefühle und der vollkommenen Einsgerichtetheit der Motivation gibt es den schönen, altertümlichen Begriff „sich mit Gebet entflammen".

Diese Form der Magie durch eine Anrufung wird manchmal auch „Theurgie" genannt, wenn der Betreffende die Wirkung der Magie als Tat einer Gottheit und nicht als die eigene Tat ansieht.

Evokationen

Die Evokation, also das Beschwören eines Geistes, ist eine Methode, um an ausreichend Intensität bzw. Lebenskraft zu gelangen, mit der man dann den eigenen Wunsch magisch verwirklichen kann.

Die älteste Variante dieses Vorgehens ist die Anrufung der Ahnengeister aus ihrem Grab oder Hügelgrab. Dieses Vorgehen ist durch die christliche Kirche etwas in Verruf gekommen – die Assoziationen zu „Totenbeschwörungen" sind heute nicht mehr die besten. Allerdings fängt diese effektive Methode an, sich unter dem Namen „systemische Familienaufstellungen" wieder neu zu etablieren.

Die berüchtigste Variante ist der „Pakt mit dem Teufel", der ebenfalls eine Umdeutung der Suche der Hilfe bei den Ahnengeistern ist. Das Beschwören des Teufels oder eines Dämons ist auf jeden Fall eine ausgezeichnete Konzentrations-Hilfe …

Sigillen-Magie

Das Kernstück der Sigillen-Magie ist die kurze, heftige Konzentration auf die Sigille, also die Gefühle der Phase 1. Die Sigille ist ein neuerschaffenes Zeichen, das den Wunsch ausdrückt, den man sich mit dieser Form der Magie erfüllen will.

Chaos-Magie

Die Grundlage der Chaos-Magie ist die Annahme, daß es kein „richtig" und kein „falsch" und somit letztlich keine Erkenntnis gibt, sondern nur den Willen dessen, der Magie ausübt. Das Weltbild wird daher zu etwas Beliebigem – man benutzt stets das Weltbild, das einem gerade am besten paßt. Auch hier steht der Wille des Magiers und somit die Phase 1 im Vordergrund. Die Formgebung der Phase 2 wird ganz der Willkür des Magiers untergeordnet.

Eismagie

Die von Frater V.D. entworfene Eismagie geht noch einen Schritt weiter und stellt den Willen des Magiers kathegorisch in den Mittelpunkt. Durch diese Blickweise wird der Magier letztlich zum Schöpfer seiner eigenen Welt.

Wunder

Diese Haltung gibt es auch bei vielen Religionsgründern, Heiligen u.ä. Personen. In der Regel stellen sie jedoch nicht den eigenen Willen ins Zentrum ihrer Einsgerichtetheit, sondern eine Gottheit – die Ausnahme ist Buddha, der jegliche Gottheiten als Ziel oder als Orientierungspunkte ablehnt.

Diese gründliche Einsgerichtetheit ermöglicht es, nicht nur „gewöhnliche Magie", sondern auch Wunder zu vollbringen.

Vergessen

In der Magie spielt das Vergessen eine große Rolle: Wenn man einen Wunsch ausgesandt hat (z.B. mithilfe einer Sigille), vergißt man absichtlich die gesamte magische Handlung. Das dient dazu, die Wirkung der magischen Handlung nicht durch Gedanken, Zweifel u.ä. zu stören.

Man vermeidet sozusagen Störungen in der Phase 2, die die Umsetzung des magischen Wunsches aus Phase 1 stören könnten – Gedanken, Zweifel und alle Arten von Formen gehören zu der Phase 2.

Vertrauen

Die Alternative zu dem Vergessen ist das Vertrauen. Wenn man vollkommen auf die Gottheit vertraut, die man um die Erfüllung eines Wunsches gebeten hat, entstehen auch keine Störung der Wunscherfüllung – man glaubt unerschütterlich an die Erfüllung des Wunsches.

Das ist damit gemeint, wenn Jesus gesagt hat, daß Glaube Berge versetzen kann. Ein solcher fester Glaube ist eine permanente Einsgerichtetheit.

Das Vertrauen hat, wenn man es erst einmal erlangt hat, den Vorteil, daß es zu einer beständigen Wunscherfüllung führen kann. Insbesondere in kleineren Glaubensgemeinschaften wie den Jesus-People, den Krishna-Jüngern u.ä. wird diese Art des Vertrauens dazu benutzt, den Alltag zu regeln – man wünscht sich morgens gemeinsam die Dinge, die man braucht, betet danach – und hat sie am Abend allesamt von irgendwem erhalten.

grundlose Freude

Das Vertrauen kann zu einer allgemeinen Vorfreude auf die Erfüllung der eigenen Wünsche werden. Eine Freundin von mir hat ihre Lebenshaltung einmal mit den Worten „Ich freue mich auf das, was kommt." umschrieben. Das ist sozusagen der Extremfall von Vertrauen.

Man kann sich einmal einen Wunschzettel schreiben mit allen Dingen, die man gerne hätte. Als nächstes versucht man, wirklich völlig hemmungslos zu wünschen und ergänzt den Wunschzettel dann mit den zusätzlichen Wünschen – fliegen können, unsichtbar sein können, mit dem Dalai Lama Tee trinken, mit Cäsar eine Runde Schach spielen … was auch immer …

Anschließend kann man diesen Wunschzettel dann mit der Vorstellung vorlesen, daß alle diese Wünsche in Erfüllung gegangen sind. Dadurch entsteht eine große Freude, die von innen nach außen hin strahlt.

Diese Freude braucht nicht das erwünschte Ereignis, um zu entstehen – diese Freude ist schon da und will ihrerseits das Ereignis entstehen lassen. Diese Freude ist nicht nicht die Folge der Wunscherfüllung, sondern die Ursache der Wünsche, in denen sich diese Freude dann selber ausdrücken und erleben kann.

Daraus kann ein beständiges Strahlen entstehen – die Essenz der Phase 1 …

III 3. c)   Phase 2

Die Phase 2 ist durch Form, Analogien, Kraft und evtl. auch Kämpfe geprägt: Man begegnet der Welt, man nutzt sie, man formt sie, man kämpft mit Gegnern, man wird mit seinen Wünschen und Absichten immer konkreter.

Wenn es in dieser „Phase der Kraft" ein Problem gibt, entsteht Macht und dadurch auch der „Täter" und das „Opfer".

Talisman-Magie

Die Formen der Magie, die die Phase 2 betonen, sind sehr viel formaler und orientieren sich oft an den Traditionen. Sie gehen im Gegensatz zu den „Phase 1"-Formen der Magie davon aus, daß es stets ein „richtig" und ein „falsch" gibt.

In der Talisman-Magie ist das Kernstück die Herstellung die Herstellung eines Gegenstandes nach traditionell-magischen Gesichtspunkt – eben eines Talismanes. Recht beliebt sind die an der Astrologie orientierten Talismane – ein Mars-Talisman könnte z.B. ein Pentagon aus Eisen sein, das an einem Dienstag hergestellt worden, auf das das Mars-Symbol, das Mars-Siegel der Name des Mars-Erzengel Samael usw. eingraviert worden und mit Blut geweiht worden ist.

Es gibt zwar auch bei Talismanen eine Weihung, aber es wird im allgemeinen davon ausgegangen, daß die richtige Herstellung des Talismans den größten Anteil an der Wirkung hat.

Man sollte diesen Aspekt der Magie auch nicht zu gering einschätzen: Wenn man in der Magie Symbole benutzt, wird sich die tatsächliche Symbolik auch durchsetzen – auch wenn man das Symbol falsch gedeutet haben sollte. Das Symbol ist stärker als die eigene Vorstellung über das Symbol und als die Imagination bei der Weihung.

In den Magie-Methoden, die sich auf die Phase 1 konzentrieren, werden so gut wie keine Symbole benutzt.

astrologische Magie

In der astrologischen Magie werden die Rituale sehr stark an den aktuellen Planetenständen orientiert – nicht nur die Bevorzugung von Vollmond-Nächten, sondern auch die Stellungen der anderen Planeten werden berücksichtigt.

Als Kraftquellen in den Ritualen werden logischerweise vor allem die Planeten benutzt – evtl. werden sie mithilfe der Planeten-Hexagramme aus der Tradition des Golden Dawn angerufen.

Kult

Ein Kult besteht aus regelmäßigen Ritualen, die in den meisten Fällen das Wohlergehen einer ganzen Gemeinschaft fördern sollen. Die Wirkung solcher Rituale wird in der Regel auf die angerufenen Gottheiten zurückgeführt – der Priester bzw. die Priesterin, die diese Rituale leitet, spielt in Bezug auf die Wirksamkeit der Rituale nur eine untergeordnete Rolle. Die Magie im Kult ist also primär eine Theurgie, also eine „Götter-Magie".

Diese Form der Magie steht vor dem Hintergrund einer bestimmten Religion und sie ist aufgrund eines formal richtigen Handelns wirksam. Sie ist die Form der Magie, die die Phase 2 am stärksten betont.

formloses Wünschen

Das Buch „Bestellungen beim Universum" hat eine weitere Form der Magie (wieder) bekannt gemacht. An die Stelle der Götter ist das „Universum" getreten – dieses Bild des „kosmischen Kaufhauses" knüpft an Bestellungen bei Versandhäusern und im Internet an, was auch bei Nicht-Magiern eine Vertrautheit mit dem Verfahren hervorruft.

Hier ist es schlicht der ausgesprochene Wunsch, der die Wirkung hat – also eine formlose Bestellung. Dabei wird auf jegliche Konzentration, Imagination, Anrufung von Gottheiten usw. verzichtet.

Wiederholungen

Es gibt im Zusammenhang mit der Phase 2 noch eine „ungewollte Magie": die Wiederholung. Einmal geprägte Formen neigen dazu, sich zu wiederholen, was u.a. aus der Psychologie als „Wiederholungszwang" und aus der Astrologie als das lebenslang wirksame Horoskop eines Menschen bekannt ist.

Diese Wiederholungen können z.B. auf die Art der Beziehungen, die Art der Arbeitsstellen, die Art der Wohnsituationen oder ähnliche Erlebnisse und Lebensumstände sein. Sie können sich jedoch auch in kleinen Details auftreten wie z.B. Namen von Menschen, zu denen man ein bestimmtes Verhältnis hat.

(Ich hatte z.B. mehrmals nacheinander eine beste Freundin, die alle denselben Namen hatte – und zudem auch einen Mann mit demselben Namen, also stets z.B. „Anna und Josef". Meine Ex-Frau trug denselben Namen wie meine älteste Schwester usw.)

Es gibt offenbar Prägungen in der Phase 2, die wirksam sind, obwohl diese

131

Prägungen von dem Magier nicht gewollt sind. Diese Prägungen treten auch bei den stärksten Magiern auf – sie sind sozusagen „Lebensthemen"

III 3. d)   Phase 3

Die Phase 3 ist durch die Präsenz im Hier und Jetzt und somit auch durch die Bereitschaft, sich auf den Rhythmus des Lebens einzulassen, geprägt: Man ist ganz da, wo man gerade ist, und ganz bei dem, was man gerade tut – wodurch man seine magische Handlung erdet.

Wenn es in dieser „Phase der Fülle" ein Problem gibt, entsteht Mangel und dadurch auch der „Süchtige" und der „Asket".

im Augenblick sein

Das „Sei jetzt hier!" findet sich nur selten als Grundlage der Magie – genau genommen wird die magische Wirkung dieser Haltung jedoch nur selten als Magie bezeichnet, obwohl sie durchaus vorhanden ist.

Diese Haltung hat Ähnlichkeit mit der Herzchakra-Magie, da die konsequente Präsenz im Hier und Jetzt dazu führt, daß man sich auch seiner selber immer bewußter wird.

Zudem verbindet diese Haltung den betreffenden Menschen auch mit dem „Fluß des Lebens", d.h. mit dem kollektiven Unterbewußtsein und somit auch mit den Götter (Urbildern, Archetypen).

Im Taoismus werden sowohl das „sich ins Hier und jetzt hinein entspannen", wie dies der Mahasiddhi Maitrepa so schön formuliert hat, als auch das „aus der eigenen Wahrheit heraus handeln" empfohlen.

III 4.   Die systematische Anwendung des Dreischritts

Man kann nun schauen, ob man aufgrund all dieser Betrachtungen eine systematische (und effektive) Nutzung des Schrittschritts entwickeln kann. Das angestrebte Modell sollte allerdings ausreichend Raum für eine unterschiedliche Betonung der drei Phasen und des Herzchakras lassen, damit sie für verschiedene Typen von Magiern und Zauberinnen geeignet ist.

III 4. a)   Die Grundlage: Herzchakra

Dieser Teil ist einfach und schwierig zugleich – es ist die aufrichtig gestellte und beantwortete Frage „Wer bin ich?"

Wenn diese Frage nicht wirklich ehrlich und zutreffend beantwortet werden kann, wird die magische Handlung nicht zu einem Zustand führen, den man genießen kann.

III 4. b)   Der 1. Schritt: Sonnengeflecht und Halschakra

Dieser Teil ergibt sich aus dem vorigen: „Was will ich?" Die Antwort auf diese Frage sollte vollkommen unbeeinflußt von den äußeren Umständen gesucht werden. Solle man wie ein Vogel fliegen wollen, dann ist es eben so, daß man das will – egal, ob man das erreichen kann oder nicht. Dieser Flug-Wunsch sollte auch nicht verdrängt werden, weil er unerfüllbar ist – wenn er wahr ist, ist er Ausdruck von dem, was man ist.

Die Tätigkeiten, die diese Phase am direktesten ausdrücken, sind improvisiertes Musizieren und Tanzen, Wandern, Spielen und ähnliches.

Die Antworten auf die beiden Fragen „Wer bin ich?" und „Was will ich?" zeigen, wo man steht und wo man hingehen will. In diesem Impuls liegt die Kraft, die der magischen Handlung ihre Wirksamkeit gibt.

III 4. c)   Der 2. Schritt: Hara und Drittes Auge

Auch dieser Teil ergibt sich aus dem vorigen: „Wie will ich das umsetzen?" Hier wird das „Was will ich?" konkret. Man entwickelt einen Plan, beschließt bestimmte

Schritte und Methoden und unternimmt konkrete Schritte.

Je nach dem Stil der Magie, den man verwendet, nimmt dieser Teil recht wenig oder sehr viel Raum ein.

Hier wird die Haltung eines Jägers oder Kriegers gebraucht, der genau weiß, was er will, der eindeutig und einsgerichtet sein Ziel verfolgt und der sich durchsetzt.

III 4. d)   Der 3. Schritt: Wurzelchakra und Scheitelchakra

Auch dieser Teil ergibt sich wieder aus dem vorigen – es ist der Beginn der magischen Handlung und es ist der Schlußpunkt an ihrem Ende: die Unterschrift, die das Ganze erdet.

III 5. Die Weitung des Dreischritts

Der Dreischritt ist bisher weitestgehend als die Handlung eines einzelnen Magiers oder einer Zauberin betrachtet worden. Oft steht eine magische Handlung jedoch in größeren Zusammenhängen, die man mitbetrachten sollte.

III 5. a) Tiefschlafbewußtsein
(Herzchakra)

Die Stille im Herzchakra, also das Tiefschlaf-Bewußtsein ist in der weitesten Fassung dieses Bereichs das Bewußtsein als die Innenseite der gesamten Welt, also Gott.

Je mehr man in diesem Bereich verankert ist, desto effektiver wird die eigene Magie. Das bedeutet natürlich keine Unterwürfigkeit gegenüber Gott, sondern lediglich die unbedingte Treue zu sich selber.

=> Dieser Bereich ist immer eine Einheit.

III 5. b) Unterbewußtsein
(Sonnengeflecht und Halschakra)

Das individuelle Unterbewußtsein ist ein Teil des kollektives Unterbewußtseins, das aus der Gesamtheit alles Unterbewußtseine besteht – oder anders formuliert, aus der Gesamtheit der Lebenskraft. Dies ist der Bereich der Telepathie und der Telekinese und somit der wichtigste Bereich der Magie. In ihm geschieht die Magie – egal, ob man diesen Bereich bewußt mit einbezieht oder nicht.

=> In diesem Bereich stehen alle Dinge miteinander in Verbindung.

III 5. c) Wachbewußtsein
(Hara und Drittes Auge)

Magie wird des öfteren durch eine Gruppe von Menschen ausgeübt: durch einen Hexen-Coven, eine spiritistische Sitzung, einen Magier-Orden, eine Gemeinde, einen Druiden-Bund, das Gefolge eines Yogis usw. Dabei sind die Menschen in solch einer Gruppe in der Regel durch ihre übereinstimmenden Absichten und Ansichten wachbewußt miteinander koordiniert.

=> In diesem Bereich können sich Dinge gegenseitig unterstützen.

III 5. d) Ekstase
(Wurzelchakra und Scheitelchakra)

Die Erdung der Magie erfolgt durch den eigenen Entschluß, aber es ist natürlich möglich, dies auch mit mehreren gemeinsam zu tun – wie z.B. das „Amen" in der Kirche.
Die Einsgerichtetheit muß jedoch jeder für sich erreichen, auch wenn natürlich mehrere Menschen gleichzeitig einsgerichtet sein können.

=> In diesem Bereich können sich die Dinge zwar gegenseitig fördern, aber den Zustand der Ekstase muß jeder selber erreichen.

III 6. Das Erlebnis der Quelle und der drei Phasen

Die Quelle und der Dreischritt sind nicht nur Aspekte einer magischen Handlung, sondern grundlegend vier verschiedene Aspekte der Psyche. Als solche enthalten sie auch verschiedene Bewußtseinszustände, Gefühle, Erlebnisse usw. Diese Erlebnisse lassen das Wesen dieser vier Aspekte der Psyche erst richtig deutlich werden und sie ermöglichen auch erst, diese Aspekte in der Magie zu berücksichtigen. Daher ist das konkrete eigene Erleben dieser vier Aspekte auch ausgesprochen wichtig – was man nicht kennt, kann man auch kaum benutzen.

Nun lassen sich die Erlebnisse, die zu diesen vier Aspekten gehören, zwar beschreiben und ebenso auch der mögliche Weg dorthin, aber finden und erleben muß man sie eben doch selber.

Ein generelles Problem ist, daß Worte zwar Qualitäten und Strukturen ausdrücken können, aber nicht die Tiefe, in der ein Satz gemeint ist und auch nicht die Intensität des Erlebnisses, das man beschreibt.

III 6. a) Die Quelle
(Herzchakra)

Die einfachste Form, in der man das Herzchakra erleben kann, ist seine physische Wahrnehmung als ein „Aufglühen": das Erwachen des Herzchakras. Damit ist wirklich eine physische Wahrnehmung gemeint – es fühlt sich an, als ob in der Mitte der Brust ein Feuer aufglühen würde.

Dieses Feuer ist von Liebe erfüllt, die sich auf nichts Bestimmtes richtet und die zugleich ein tiefes Glück ist. Zu diesem Erlebnis kann man z.B. durch eine Herzmeditation kommen (Mantra-Meditation, Atem-Lenkung, Bitte an eine Gottheit).

Das „in die Stille gehen" ist vom Ansatz her deutlich anders, aber führt letztlich zu demselben Erlebnis – man sitzt da und lächelt wie Buddha vor sich hin … und das Lächeln wird immer breiter bis es zu einem „Honigkuchenpferd-Grinsen" wird.

Beiden Erlebnissen ist gemeinsam, daß sie zum „aufglühenden Glücklichsein" keinerlei äußere Umstände benötigen – sie finden im „Bewußtsein an sich" statt, also in dem „Bewußtsein ohne Bewußtseinsinhalte".

Man kann auch die „Traumreise zur eigenen Mitte" durchführen und dadurch seiner eigenen Seele begegnen. Auch dies kann ein sehr ergreifendes Erlebnis sein – man sieht auf einmal bildlich vor sich, wer man ist, und erkennt ganz direkt, daß das so ist. In diesem Moment hört z.B. auch die Frage nach dem Lebenssinn auf, denn man sieht den eigenen Lebenssinn vor sich stehen: Der Lebenssinn ist, das auszudrücken was man ist – und die Essenz von dem, was man ist, ist die eigene Seele.

Es gibt noch einen ganz anderen Ansatz, um zu diesem Zustand zu kommen: Nichtstun. Wenn man Tiere beobachtet, wird man feststellen können, daß sie oft einfach nur dastehen oder dasitzen und nichts tun. Sie sind wach und präsent, aber völlig entspannt und sind einfach nur da …

Dieser „Normal Null"-Zustand entspricht dem leeren Bewußtsein, also dem Tiefschlaf-Bewußtsein, das mit dem Wachbewußtsein verbunden ist: die innere Stille.

Man kann diesen Zustand üben und sich einfach mal hinsetzen und schauen, ob man gerade irgendetwas braucht – wirklich genau jetzt in diesem Moment braucht. Wenn nicht, bleibt man einfach sitzen … Das klingt extrem schlicht, aber es ist ausgesprochen wirkungsvoll … man beginnt loszulassen …

Das hat wiederum die Wirkung, daß die Dinge, die man sich sonst so sehr ersehnt hat, endlich zu einem kommen können – das Nichtstun gibt dem Leben den Raum, da sein zu können … Das Nichtstun ist eines der schöpferischsten Dinge, die man tun kann.

Alle diese Methoden führen zu dem Gefühl der Erfülltseins: Man ist in sich selber anwesend, man spürt die eigene Seele, man lebt …

III 6. b) Phase 1
(Sonnengeflecht und Halschakra)

Das Gefühl dieser Phase ist die selbstverständliche Selbstbezogenheit und der selbstverständliche Selbstausdruck. Im Grunde gehören alle Worte mit „Selbst-", „Ich-" und „Ego-" hierhin, da diese beiden Chakren das enthalten, was die Seele in ihrer derzeitigen Inkarnation sein will.

Wenn man in diesen Bereich geht, spürt man daher ein ungehindertes, hemmungsloses, uneingeschränktes Strahlen. Man kann diesen Bereich auch den Willen nennen – im Sinne einer Kraft, die auf das ausgerichtet ist, was man gut findet. Dieser Innendruck ist das Erlebnis einer vollkommenen Eigenständigkeit – er ist wie ein „Rundum-Laserstrahl" der von dem Herzchakra ausgeht. Dieser Bereich ist die beabsichtigte Expansion des Herzchakras in die Welt hinein, das Lied der Mitte, der Tanz der Seele, das Strahlen der Sonne …

Wie bei dem Sonnenwind gibt es in diesem Bereich nur eine Quelle: die Seele. Und es gibt auch nur eine Richtung: in die Welt hinein. Dieser Bereich ist jedoch völlig unbeeinflußt von dem, was in der Welt möglich ist und was in ihr gerade los ist. Wenn man lieben will, liebt man. Wenn man fliegen will, will man fliegen. Wenn man weise werden will, will man weise werden. Das ist einfach so. Das ist keine Frage von Möglichkeiten, Gelegenheit, Realitätssinn, Vernunft und derlei Dingen ... das ist einfach so. Basta!

Darin liegt auch eine Vorfreude – die nicht von dem abhängt, was man realistischerweise erreichen kann, sondern die sich lediglich darauf bezieht, daß man es erreichen will. Diese Vorfreude ist ein Ergebnis der Selbsttreue. Ich will. Punkt.

Dieser Zustand ist das „Ich bin Ich" in Aktion. In diesem Strahlen liegt eine große Kraft – sie ist letztlich ohne Grenzen ... zumindestens von innen her betrachtet, da es nichts gibt, was sie eingrenzen könnte – sie ist einfach das, was man will, und das ist das einzige, woran man die eigene Kraft ausrichtet. Ich will – und das mit meiner ganzen Kraft ... ohne jedes „wenn" und „aber".

Diese eindeutige Ausgerichtetheit, dieses Fließen aus dem Herzchakra als der einzigen Quelle heraus, diese fraglose Eigenständigkeit können als „elektrisch funkelnde Hitze" im Sonnengeflecht und als „prickelnd-strahlende Wärme" im Halschakra erlebt werden.

III 6. c)   Phase 2
(Hara und Drittes Auge)

In diesem Bereich trifft das Innen auf das Außen. Hier wird das Strahlen aus Phase 1 zu den Strukturen der Phase 2.

Auch hier kann man wieder die Chakren erleben: die „sich drehend bewegende Wärme" im Hara und der „warme pulsierende Druck" im Dritten Auge. Das Hara gibt einen innerer Halt auf dem eigenen Standpunkt und das Dritte Auge gibt Orientierung.

In diesem Bereich wird das generelle Wollen zu einem speziellen Wollen – die allgemeine Wünsche werden zu konkreten Wünschen. Die erste Stufe der Konkretisierung besteht einfach darin, daß man etwas jetzt will – und nicht nur irgendwann. Die zweite Stufe der Konkretisierung besteht darin, daß man eine Wahl trifft und etwas mit einem bestimmten Menschen, an einem bestimmten Ort, auf eine bestimmte Weise usw. tun will.

Während die erste Stufe der Konkretisierung noch so gut wie immer durchführbar ist, kann es bei der zweiten Stufe Schwierigkeiten geben. Daher kann es dazu kommen, daß man etwas loslassen muß, die Pläne ändern muß, ein neues Konzept braucht usw. Wenn man sich auch in der zweiten Konkretisierungsstufe der Phase 2 nur an dem orientiert, was man will, kann es sein, daß man den Realitätsbezug verliert.

Dabei sollte man jedoch nicht den Fehler begehen, bei dem Treffen auf ein Hindernis die Phase 1 „abzuschalten". In der Magie geht es auch darum, Unmögliches zu tun. Daher wird in der Phase 2 ein Fingerspitzengefühl dafür gebraucht, welches Hindernis im Außen einem zeigt, daß ein anderer Weg besser wäre (z.B. das Loslassen eines verstorbenen Menschen), und welches Hindernis durch Magie aufgelöst werden kann (wo man eben notfalls „mit seinem Glauben Berge versetzt").

In diesem Bereich werden die Impulse aus der Phase 1 in der Begegnung mit der Welt zu einem Fundament, zu tragenden Knochen, zu einer schützenden Hülle, zu wehrhaften Hörnern, Krallen und Zähne. Die Phase 2 gibt Festigkeit und Entschiedenheit.

III 6. d)   Phase 3
(Wurzelchakra und Scheitelchakra)

Die Wahrnehmung im Wurzelchakra hat mindestens vier Stufen:

> 1. eine angenehme, diffuse Hitze

> 2. ein elektrisches Prickeln, das sich nach oben hin vor allem außen am Körper ausbreitet

> 3. eine „Wärme-Hülle" rings um den Körper

> 4. eine intensive Kugel aus „Feuer-Druck", die langsam in der Körpermitte („mit der Geschwindigkeit einer kriechenden Schildkröte") aufsteigt und sich dabei zu einem Stab ausdehnt, der schließlich von dem Wurzelchakra bis zum Scheitelchakra reicht („Kundalini-Schlange")

Im Scheitelchakra entsteht das Gefühl, daß sich die Kopfhaut nach oben emporwölbt und leicht glitzernd zu strahlen beginnt.

In diesem Bereich ist man einfach da, wo man gerade ist. Das hat jedoch nach einer Weile eine große Auswirkung: Dieses Einfach-da-sein führt dazu, daß man das Leben in allem spüren und „gestaltlos sehen" kann. Es ist mehr ein Wissen als ein optisches Sehen, aber dieses Wissen ist überhaupt nicht abstrakt, sondern sehr direkt. Durch diese Wahrnehmung kann man von einem grundlosen Glück und von einer tiefen Liebe, die sich auf nichts Konkretes bezieht erfüllt werden. Dann ist das Herzchakra in der Welt angekommen …

Möglicherweise gibt es bestimmte Orte oder Umstände, die das Finden dieses Zustands erleichtern – wahrscheinlich sind sie von Mensch zu Mensch verschieden. Manchmal ist es das Licht der untergehenden Sonne auf der Rinde eines Baumes, manchmal ist es einfach der Anblick eines Grashalmes, eine Blüte oder das Abendrot … es sind eher Dinge in der Natur als von Menschen erschaffene Dinge. Manchmal sind es auch Orte, an denen man etwas Schönes oder Wichtiges erlebt hat …

Es ist ein Präsent-sein, von dem man erfüllt wird …

III 7. Die Gesamt-Geste

Die Gesamtgeste, die durch die Quelle und die drei Phasen entstehen, ist zwar eindeutig und prägnant, aber schwer zu beschreiben: Man lebt – und zwar richtig und ganz!

Man ist man selber und strahlt und erschafft aus sich heraus eine Umgebung, die die eigene Wahrheit wiederspiegelt und genießt das Erschaffen und das Erschaffene.

Es ist ein Flirßen:

>   Schweigen – Singen – Sprechen – Ausruf

oder:

>   Leib – Tanz – Arbeit – Sex

oder:

>   Yogi – Tänzer – Krieger – Genießer

oder:

>   Yogini – Tänzerin – Kriegerin – Genießerin

oder:

>   Buddha – Sänger – Jäger – Erlebender

Es ist ein Strahlen aus dem Herzen heraus, das in der Welt Gestalt annimmt und das man von ganzem Herzen genießen kann …

Das ist Magie.

Bücher von Harry Eilenstein

„Magie für Anfänger"	Meditation

- Telepathie für Anfänger (60 S.)
- Telepathie für Fortgeschrittene (52 S.)
- Telekinese für Anfänger (52 S.)
- Lebenskraft für Anfänger (60 S.)
- Meditation für Anfänger (56 S.)
- Hypnose für Anfänger (56 S.)
- Auto-Movement für Anfänger (56 S.)
- Ritual-Magie für Anfänger (56 S.)
- Mandalas für Anfänger (68 S.)
- Geldzauber für Anfänger (56 S.)
- Liebeszauber für Anfänger (52 S.)
- Evokationen für Anfänger (60 S.)
- Elfen für Anfänger (56 S.)
- Magie-Forschung für Anfänger (140 S.)
- Selbsterkenntnis für Anfänger (52 S.)
- Zahlensymbolik für Anfänger (60 S.)
- Die Sprache des Mondes – für Anfänger (116 S.)
 	
Magie
 	
- Handbuch für Zauberlehrlinge (408 S.)
- Tarot (104 S.)
- Physik und Magie (184 S.)
- Die Magie-Formel (156 S.)
- Krafttiere – Tiergöttinnen – Tiertänze (112 S.)
- Schwitzhütten (524 S.)
	- Der Lebenskraftkörper (230 S.)
	- Die Chakren (100 S.)
	- Das Chakren-System mit den Nebenchakren (296 S.)
	- Meditation (140 S.)
	- Drachenfeuer (124 S.)
	- Reinkarnation (156 S.)
	- einsgerichtet (140 S.)
	
	Astrologie
	
	- Astrologie (496 S.)
	- Photo-Astrologie (428 S.)
	- Die astrologischen Aspekte (88 S.)
	- Horoskop und Seele (120 S.)
	
	Kabbala
	
	- Kursus der praktischen Kabbala (150 S.)
	- Eltern der Erde (450 S.)
	- Blüten des Lebensbaumes:
	  - Die Struktur des kabbalistischen Lebensbaumes (370 S.)
	  - Der kabbalistische Lebensbaum als Forschungshilfsmittel (580 S.)
	  - Der kabbalistische Lebensbaum als spirituelle Landkarte (520 S.)

Bücher von Harry Eilenstein

Religion allgemein

- Die sieben Schritte des Lebens (428 S.)
- Muttergöttin und Schamanen (168 S.)
- Göbekli Tepe (472 S.)
- Totempfähle (440 S.)
- Christus (60 S.)
- Dakini (80 S.)
- Vajra (76 S.)

Ägypten

- Hathor und Re 1: Götter und Mythen im Alten Ägypten (432 S.)
- Hathor und Re 2: Die altägyptische Religion – Ursprünge, Kult und Magie (396 S.)
- Isis (508 S.)

Indogermanen

- Die Entwicklung der indogermanischen Religionen (700 S.)
- Wurzeln und Zweige der indogermanischen Religion (224 S.)

Germanen

- Die Götter der Germanen (87 Bände)
- Odin (300 S.)

Kelten

- Cernunnos (690 S.)
- Der Kessel von Gundestrup (220 S.)
- Der Chiemsee-Kessel (76)

Psychologie

- Über die Freude (100 S.)
- Das Geheimnis des inneren Friedens (252 S.)
- Das Beziehungsmandala (52 S.)
- Gefühle und ihre Verwandlungen (404 S.)
- einsgerichtet (140 S.)
- Liebe und Eigenständigkeit (216 S.)
- Von innerer Fülle zu äußerem Gedeihen (52 S.)

Heilung

- Die Symbolik der Krankheiten (76 S.)

Kunst

- Herz des Tanzes – Tanz des Herzens (160 S.)

Drama

- König Athelstan (104 S.)

Die Themen der 87 Bände der Reihe „Die Götter der Germanen"

1. Die Entwicklung der germanischen Religion
2. Lexikon der germanischen Religion
3. Der ursprüngliche Göttervater Tyr
4. Tyr in der Unterwelt: der Schmied Wieland
5. Tyr in der Unterwelt: der Riesenkönig   Teil 1
6. Tyr in der Unterwelt: der Riesenkönig   Teil 2
7. Tyr in der Unterwelt: der Zwergenkönig
8. Der Himmelswächter Heimdall
9. Der Sommergott Baldur
10. Der Meeresgott: Ägir, Hler und Njörd
11. Der Eibengott Ullr
12. Die Zwillingsgötter Alcis
13. Der neue Göttervater Odin   Teil 1
14. Der neue Göttervater Odin   Teil 2
15. Der Fruchtbarkeitsgott Freyr
16. Der Chaos-Gott Loki
17. Der Donnergott Thor
18. Der Priestergott Hönir
19. Die Göttersöhne
20. Die unbekannteren Götter
21. Die Göttermutter Frigg
22. Die Liebesgöttin: Freya und Menglöd
23. Die Erdgöttinnen
24. Die Korngöttin Sif
25. Die Apfel-Göttin Idun
26. Die Hügelgrab-Jenseitsgöttin Hel
27. Die Meeres-Jenseitsgöttin Ran
28. Die unbekannteren Jenseitsgöttinnen
29. Die unbekannteren Göttinnen
30. Die Nornen
31. Die Walküren
32. Die Zwerge
33. Der Urriese Ymir
34. Die Riesen
35. Die Riesinnen
36. Mythologische Wesen
37. Mythologische Priester und Priesterinnen
38. Sigurd/Siegfried
39. Helden und Göttersöhne
40. Die Symbolik der Vögel und Insekten
41. Die Symbolik der Schlangen, Drachen und Ungeheuer
42.a Die Symbolik der Herdentiere I
42.b Die Symbolik der Herdentiere II
43. Die Symbolik der Raubtiere
44. Die Symbolik der Wassertiere und sonstigen Tiere
45. Die Symbolik der Pflanzen
46. Die Symbolik der Farben
47. Die Symbolik der Zahlen
48. Die Symbolik von Sonne, Mond und Sternen
49.a Das Jenseits I – Das Hügelgrab
49.b Das Jenseits II – Der Jenseitsweg
50. Seelenvogel, Utiseta und Einweihung
51. Wiederzeugung und Wiedergeburt
52. Elemente der Kosmologie
53. Der Weltenbaum
54. Die Symbolik der Himmelsrichtungen und der Jahreszeiten
55.a Mythologische Motive I
55.b Mythologische Motive II
56. Der Tempel
57. Die Einrichtung des Tempels
58. Priesterin – Seherin – Zauberin – Hexe
59. Priester – Seher – Zauberer
60. Rituelle Kleidung und Schmuck
61. Skalden und Skaldinnen
62. Kriegerinnen und Ekstase-Krieger
63. Die Symbolik der Körperteile
64.a Magie und Ritual I
64.b Magie und Ritual II
64.c Magie und Ritual III
65. Gestaltwandlungen
66.a Magische Angriffs-Waffen
66.b Magische Verteidigungs-Waffen
67. Magische Werkzeuge und Gegenstände
68. Zaubersprüche
69. Göttermet
70. Zaubertränke
71. Träume, Omen und Orakel
72. Runen
73. Sozial-religiöse Rituale
74. Weisheiten und Sprichworte
75. Kenningar
76. Rätsel
77. Die vollständige Edda des Snorri Sturluson
78. Frühe Skaldenlieder
79.a Mythologische Sagas I
79.b Mythologische Sagas II
80. Hymnen an die germanischen Götter